国产化蔗糖业发展之路
纪念文选集

GUOCHANHUA ZHETANGYE FAZHAN ZHI LU
JINIAN WENXUAN JI

利 民◎主编

U0330125

中山大学出版社
SUN YAT-SEN UNIVERSITY PRESS
·广州·

图书在版编目（CIP）数据

国产化蔗糖业发展之路：纪念文选集/利民主编 . —广州：中山大学出版社，2024.4

ISBN 978 - 7 - 306 - 08016 - 5

Ⅰ．①国…　Ⅱ．①利…　Ⅲ．①苏甦—纪念文集　Ⅳ．①K826.13 - 53

中国国家版本馆 CIP 数据核字（2024）第 033306 号

出 版 人：王天琪
策划编辑：高惠贞　王延红
责任编辑：罗雪梅
封面设计：曾　斌
责任校对：袁双艳
责任技编：靳晓虹
出版发行：中山大学出版社
电　　话：编辑部 020 - 84110283，84113349，84111997，84110779，84110776
　　　　　发行部 020 - 84111998，84111981，84111160
地　　址：广州市新港西路 135 号
邮　　编：510275　　　　传　真：020 - 84036565
网　　址：http://www.zsup.com.cn　　E-mail：zdcbs@ mail.sysu.edu.cn
印 刷 者：广州市友盛彩印有限公司
规　　格：787mm×1092mm　　1/16　　14.75 印张　　123 千字
版次印次：2024 年 4 月第 1 版　　2024 年 4 月第 1 次印刷
定　　价：38.00 元

本书编委会

主编：利　民

策划：冯　夏

顾问：郁善藻　毛礼镭

编辑：唐　捷　利燕玲

编务：唐丹风　黄桂霞　虎　子

作者简介

利民（1938—），曾用名利如吉，广东省佛山市顺德区人，工程师。原轻工业部甘蔗糖业科学研 究所"薄膜分离技术的研究"项目主持人。中国食品科学技术学会甘蔗糖业学会会员。广东省食品学会资深会员。

广东省制糖学会会员。中国海水淡化与水再利用学会，反渗透、超滤专业委员会会员。先后发表了《膜分离技术在饮料生产中的应用》《膜分离技术的应用》《最优回归设计在研制超滤膜中的应用》等文章，美国《化学文摘》（*Chemical Abstracts*）曾予以刊载。入传和入编《广东省制糖专家传略》《广东省志·科学技术志》等。

内容简介

　　本书纪念的主人公苏甦同志，1922 年生，祖籍广东澄海。获"中国工程设计大师"荣誉称号和国务院颁发的政府特殊津贴。1942 年考入广西大学化学工程系。后参加革命，1948 年加入中国共产党。广州解放后，与唐强［《蔗糖业的春天：纪念文选集》（中山大学出版社 2018 年版）纪念的主人公］作为军事接管小组成员接管东莞糖厂。1954 年轻工业部广州设计院成立，其主要负责制糖工程的设计和攻关工作，先后任制糖室主任、总工程师及副院长等职。

　　本书可视为《蔗糖业的春天：纪念文选集》的姐妹篇，以文章和史料的形式，记述苏甦同志不同凡响的人生历程和光辉业绩，纪念他对中国制糖业发展的不俗贡献。同时，借此颂扬新中国成立后，蔗糖业同仁在党和政府的正确领导和重视下，发扬自力更生、艰苦奋斗、科学创新、务实奉献的精神，为我国蔗糖业的发展和实现自主的大型糖厂国产化做出的积极贡献，具有历史启示和时代意义。

序　言

我国蔗糖业有着悠久的历史。据史料记载，1000多年前，我国已有甘蔗取汁制浆煎成糖的生产技术，宋人《糖霜谱》、明人《天工开物》记载了我国甘蔗制糖技术的发展，说明我国古代便已形成具有本土特色的制糖技术。

100多年以前，我国便是著名的产糖国，有食糖出口。之后日本强占我国台湾，自此我国由食糖出口国变为需要进口食糖的国家。

我国较早的机制甘蔗糖厂是1908年由福建华侨投资建成的。1934—1936年，广东引进国外技术设备，建成六所机械化甘蔗糖厂。不久，日本发动全面侵华战争，其间，大部分糖厂被毁。抗日战争结束后，残存的顺德、东莞两间糖厂亦处于半停顿状态。

新中国成立后，在党和国家的领导下，我国制糖业走上了恢复与发展的道路。在广东，由白烽（军代表）和唐强、苏甦等人组成的军事接管小组，接管东莞糖

1

厂；由叶泽权（军代表）等人组成的军事接管小组，接管顺德糖厂。在党和国家的正确领导下，在军事接管小组成员的努力下，广大工人群众以主人翁的姿态，使糖厂一个榨季便恢复正常生产，并突破了原设计生产能力，提高了产糖量。此后政府还复建了市头、惠阳等机械化甘蔗糖厂，糖厂投产顺利，正常生产。

政府对制糖业十分重视，投入了较多的资金和人力，新建了很多糖厂。产糖量大大提高，满足了人民生活所需。同时，政府还重视糖业科研和设计、设备制造和安装等技术力量的培养，成立了相应的机构，促进了制糖业的发展。

我国大型机制糖厂的技术设备，过去一直依靠国外引进，往往受制于人。新中国成立后，国家要求建设自主设计的现代化大型糖厂，提高产品质量，增加食糖产量。1955年国家下达了设计、建造日榨2000吨大型现代化甘蔗糖厂的任务，以苏甡同志为首的设计组便投入紧张、繁重的设计工作中，并和科研机构、有关院校以及设备制造、安装等部门紧密配合、通力合作。在大家的共同努力下，国产现代化大型甘蔗糖厂顺利投产，并不断得到巩固、提高，发展壮大。

在党和政府的正确领导和重视下，广大革命知识分子和糖业同仁发扬自力更生、艰苦奋斗、勇于创新、务实奉献的革命精神，为我国蔗糖业的发展和大型糖厂国产化的顺利实现做出了积极的贡献。

让我们为实现国家富强、民族振兴、人民幸福、社会和谐的中国梦而不懈努力。

编者

2022 年 10 月

目　录

纪 念 文 选

专 家 传 略

图 像 证 照

附　　录

纪念文选

广东蔗糖业复苏与发展情况概述

冯　夏

1949 年 10 月广州解放，党派遣久经革命历练的邢贻行[①]、白烽、叶泽权三位老前辈到广州，成立了"蔗糖工业军事接管小组"，负责接管广东蔗糖工业。

中国共产党的初心是为人民谋幸福，为建设国家富强、人民幸福的社会主义新中国，艰苦奋斗、自力更生、奋发图强。广东蔗糖业的广大干部群众紧跟国家发展步伐，在国家三年国民经济恢复时期，取得了如下重大成绩。

（1）完成老旧糖厂的复建、复工和复产工作。1935 年引进的东莞糖厂、顺德糖厂均按设计能力 1000 吨/日复产。新中国成立前，东莞糖厂停产时间多于生产时间，日榨量只有 400～500 吨；顺德糖厂虽能

---

① 据《人民日报》载，邢贻行，原轻工业部对外司司长，1978 年 7 月 29 日在北京逝世，追悼会在北京八宝山革命公墓礼堂举行。

开榨生产，但日榨量只有 800 吨左右；市头糖厂设备残缺不全，只剩下机座，设备多被盗卖到香港。1952 年 1 月，市头糖厂完成复建，实现日榨量 1000 吨，生产正常。复建的揭阳糖厂也能按设计规模顺利投产。

（2）1952 年制定了计划管理制度，包括作业计划、安全规程、岗位操作规程、班报、日报、期报、调度制度。

1953 年，广东制糖工业公司①设立糖厂生产改革工作组，由公司技术室主任唐强同志带领人员进驻顺德糖厂开展工作，建立了糖厂生产技术、计划、财务三大管理制度，使顺德糖厂成为当时全国糖厂生产管理的典范，促进了蔗糖业的健康发展。

（3）1950 年开始建立维修、基建机构，由叶泽权副经理主管。之后成立糖机制造厂，由中山大学机械专业毕业的东江纵队老革命孔刚担任厂长。接着又成立了糖业安装队。1953 年秋，轻工业部批示成立广东省糖酒安装公司。

---

① 广东制糖工业公司自新中国成立后至 1958 年归中央轻工业部管辖，1958 年后下放至广东省，则称广东省制糖工业公司，简称广东省糖业公司。后文当中提及的广东糖业公司则是糖业界人士惯用的称呼。

（4）建立甘蔗试验基地。1951年组建顺德五沙甘蔗试验场；1952年在海南崖城建立海南甘蔗育种场，开展我国甘蔗杂交育种科研工作。其中，1954年培育的粤糖54－143品种，是我国首个自主培育成功的甘蔗杂交良种。1957年培育的粤糖57－423品种（大碌种），亩产量增加20%以上。甘蔗杂交良种的推广，促进了蔗糖业的快速发展，使蔗糖业成为当时广东经济的重要支柱。

（5）为设计国产化大型糖厂先行"练兵"。1952年五一劳动节前公司决定将设备残缺不全的生产规模为500吨/日的惠阳糖厂迁到番禺紫坭，扩建成生产规模为1000吨/日的紫坭糖厂，然后扩建成生产规模为2000吨/日的大型糖厂。

1953年年初，叶泽权副经理承担紫坭糖厂建厂任务。

叶泽权在第二次国内革命战争时期参加过革命，读初中时接受过革命思想的指引，结业后当了一名制糖工人。1936年他在延安参加了革命。

叶泽权亲自带领全体设计人员到紫坭进行现场设计。首先需要组织技术力量，工程技术人员大都是大中专院校化工、机械、电力、土木专业毕业的，是 20 世纪 50 年代初在广东糖业公司应聘或从糖厂及机械厂抽调来的。接着成立紫坭糖厂工程设计组，委任两位既是内行又能做思想动员工作的游击队员为工程设计组顶梁柱：一位是广西大学化工专业毕业的粤赣湘边纵队指导员苏甦同志，负责设计工作；另一位是中山大学机械专业毕业的东江纵队老革命孔刚同志，负责设备制造及安装工作。同时，还委任老技术员区寿康为总工程师。

当时设计组成员包括领队、工艺设备人员、锅炉电气人员、土木建筑人员、文印资料人员，共计 50 多人。现场办公室很简陋，是两个棚子，一个给工艺设备人员办公用，另一个给土木建筑人员用。设计组成员住的地方条件也较差，村里的祠堂、庙宇都用上了；生活较艰苦，两个星期才回广州休息一天。叶泽权还教育全体成员要认识到这是党交给大家的光荣任务——开创我国蔗糖工业新纪元，要下定决心，奋力打好这一仗，做到百年大计，质量第一，人人做到艰苦奋斗、精心设计。当时中专毕业不到两年的詹益江同志，仅用了几个月的时间就完成了大型糖厂压榨机列的设计任务。全体成员从上到下，群情激奋，斗志昂扬，当年就完成了设计、制造、安装、投产任务。一次投产成功，所获利润就能收回投资成本。

1954 年，广东制糖工业公司在驻地围墙边设立"走廊实验室"，为计划设计的国产化大型糖厂提供所需数据资料。

1955 年，轻工业部下达指示新建生产规模为 2000 吨/日的中山糖厂，接着又下达指示建造同等规模的南海糖厂。两个新厂的设计工作由设计室负责，设备制造由糖机制造厂负责，大型压榨机列制造任务则由广州重型机械厂承担，设备安装由安装队负责。

1956 年，广东制糖工业公司完成 500 吨/日、1000 吨/日、2000 吨/日三个生产规模的甘蔗糖厂的定型设计，提供给各地使用，促进了蔗糖业的快速发展。

1958 年 1 月，中山糖厂、南海糖厂相继投产，均一次投产成功，一个榨季所获的利润即可收回投资成本。至此，我国真正做到了自主设计、制造、安装、建成投产，实现了大型糖厂国产化，结束了大型糖厂依靠进口的日子。

之后，东莞糖厂、顺德糖厂、市头糖厂、紫坭糖厂等多间糖厂扩建成生产规模为 3000 ～ 4000 吨/日的大型糖厂，促进了蔗糖业的发展。

1958 年，根据周恩来总理的指示，我国蔗糖业要援外。苏甦同志受命首赴越南进行援助。接着援助缅甸、巴基斯坦、尼泊尔、利比里亚、马里、扎伊尔、马达加斯加等多个国家建造生产规模为 350 ～ 1500 吨／日的糖厂。苏甦获授"胡志明勋章"。

致谢：本文的写作承蒙原轻工业部广州设计院高级工程师、副总工程师郁善藻同志和甄超同志的大力协助，特此致谢。

甘蔗糖业发展的金色年华

毛礼镭

这是一首颂歌，歌唱了在中国共产党的领导下，中央轻工业部直接组织领导给政策、配干部、建立机构、大力投资，使 20 世纪 50 年代至 60 年代的广东甘蔗糖业实现飞跃发展的奋进历程。几间旧糖厂恢复了生产，还新建了几间现代化生产规模达 2000 吨/日的糖厂，在设计、设备、工艺等方面，中国拥有了自主知识产权，且制糖技术达到国际先进水平，为全国甘蔗糖业的发展打下了坚实的基础。

这是一篇关于广东甘蔗糖业的史诗，记叙了白烽、叶泽权、唐强等革命精英，组织广东制糖工业公司和轻工业部广州糖酒工业设计工程公司①负责糖厂的建设、生产管理、人员培训等，同时组织设计各项设备、工艺

---

① 即轻工业部广州设计院，该机构相关历史沿革详见附录。

流程，为整个广东糖业的发展做了大量艰苦的工作。各糖厂都能顺利投产，且生产能力及技术指标都得到了很大的提高。

这是工程技术人员发挥聪明才智和创新能力以及忘我劳动和钻研精神的生动写照。以苏甡、区寿康、谢梦驰、詹益江、何文谦等专家和后起之秀郁善藻高级工程师为代表的专家团队，以无私忘我、刻苦钻研的精神，同时吸收国际制糖工业的先进经验，加以消化、创新，以惊人的速度建立了制糖工业完整的设计规范体系，不仅促进了国内轻工业的发展，而且对国际援外工程做出了贡献。

制糖工业与农业相辅相成，制糖工业的发展可带动农业上甘蔗的大量生产，甘蔗种植业的发展又相应带动了机械、电机、动力、化工等行业的发展，繁荣了珠江三角洲地区特别是广州的经济，大大提高了当地人民的生活水平。

苏甡是中国知识分子优秀代表人物。他以一位海外华侨学子的身份，从勇闯千难万险参加革命，到参加粤赣湘边纵队打游击，经历战地锻炼两个月后就加入了中国共产党，这是他党性高的表现。他几十年来不为名不为利，全心全意、身先士卒带领设计团队创造性地为我国制糖工业和轻工业设计了许多优秀项目，被国家授予"中国工程设计大师"称号，并享受国务院政府特殊津贴。他既是一位具有高度的党性、事业心、爱国情的专家，同时又是一位人情味十足的好丈夫、好父亲，拥有美满和谐的家庭，现年 94 岁，身体健康，是值得我们大家尊敬、学习的好榜样。

我从 1952 年大学本科制糖专业毕业分配到广东制糖工业公司起，几十年来目睹了苏甦师长光荣、精彩的事迹。全国食糖产量从新中国成立前的年产 19 万吨到现在年产 1400 万吨以上，我们不能忘记糖业界劳苦功高的老前辈们开拓光辉事业的功绩。

我年届 85 岁，一生在前辈的带领下，与甘蔗糖业同仁同奋斗，共筑糖业的美梦，甜蜜的回忆永世难忘。

2015 年 10 月

毛礼镭：教授级高级工程师，原广东省轻纺建筑设计院副院长、总工程师，全国甘蔗糖业学会常务理事兼秘书长，广东省政治协商委员会常务委员、科学技术委员会副主任，广东省人民政府科学技术咨询委员会委员，轻工业部科学技术委员会专家组专家，中国食品科学技术学会理事，广东省自然科学基金管理委员会顾问，华南理工大学、无锡轻工学院（今江南大学）制糖工程专业博士、硕士学位论文评审专家。

糖业春天花盛开

——杂交甘蔗、工业新产品和设计大师的诞生

利 民

新中国成立后，蔗糖业界同仁在党和政府的正确领导下，自主创新、艰苦奋斗、务实奉献，使我国蔗糖业迎来了蓬勃发展的春天。糖业之花盛开，并结出累累硕果。现将杂交甘蔗和工业新产品的诞生以及"甜蜜事业"的设计大师的获奖情况简述如下。

杂交甘蔗和工业新产品的诞生

1958 年 3 月，我国较早实行工农结合的综合性科研机构——轻工业部甘蔗糖业科学研究所成立，唐强和王鉴明是创建该所的两位老所长（图1）。

**图1　1963年11月，海南甘蔗育种场建场十周年暨甘蔗杂交育种
专业会议全体代表合影留念**

（前排：左4. 王鉴明，左6. 唐强）

　　王鉴明是我国杰出的甘蔗育种和栽培技术专家。早
在1952年海南甘蔗育种场建立时，他便开展了甘蔗有
性杂交技术的研究工作，先后培育了粤糖54－143、粤
糖57－423、粤糖63－237等多个优良品种。其中，
1954年培育的粤糖54－143是我国培育成功的第一个
甘蔗杂交良种。1957年培育的粤糖57－423（大碌种）
（图2）和1963年培育的粤糖63－237（图3）都是自
主育成的甘蔗杂交良种，均于1988年获得国家科技进
步三等奖。

图2 粤糖57-423（大碌种）（轻工业部甘蔗糖业科学研究所育成，增产20%以上，获国家科技进步三等奖）

图3 粤糖63-237（轻工业部甘蔗糖业科学研究所育成，高产、高糖，获国家科技进步三等奖）

　　唐强对研究所科研路线的确立、科研设施的创建十分重视。良好的科研环境促进了科研成果和科技人才的涌现。此外，研究所还设立了试验工场进行生产试验，对科研成果快速投入大型厂的生产应用效果显著。研究所多项科研成果都曾在所内生产规模为40吨/日的甘蔗试验工场进行生产验证和完善。如由陈世治主持完成的科研成果卧式管道中和器荣获国家计划委员会（简称

"计委"）、经济委员会（简称"经委"）、科学技术委员会（简称"科委"）联合颁发的工业新产品二等奖（图4）。

图4　卧式管道中和器荣获国家工业新产品二等奖

陈世治，正高级工程师，是我国制糖工业科学技术专业组成员，国际著名制糖专家，曾担任联合国授建的"中国制糖研究中心"项目副主任职务。1988年他代表中国出席联合国工业发展组织在古巴召开的"全球第一届甘蔗制糖工业专家协商会议"，并以联合国顾问的身份发表论文《中国甘蔗糖业与综合利用》。

"甜蜜事业"的设计大师：苏甦

1954 年，轻工业部广州糖酒工业设计工程公司成立，苏甦先后任制糖室主任、总工程师及副院长等职。

1989 年，苏甦被中国建设部授予"中国工程设计大师"荣誉称号，获颁"设计大师"证书（图 5、图 6），成为我国糖业界第一位国家级设计大师。

图 5　1989 年，苏甦获授的"设计大师"证书

图6　1989年，苏甦（前排右1）获颁"设计大师"证书合影

由"甜蜜事业"的设计大师苏甦带领的糖厂设计团队，于1953年完成生产规模为1000吨/日的紫坭糖厂的设计任务。当年年底，该厂建成投产。

1955年，轻工业部下达指示新建生产规模为2000吨/日的中山糖厂和南海糖厂，设计任务由苏甦带领设计团队负责完成。1958年1月，中山糖厂、南海糖厂相继建成投产。这是新中国成立后，中国人自主设计、制造、安装的大型糖厂，标志着中国制糖工业的设计和建造进入一个新的里程，在中国制糖设计史上写下了光辉的一页。

20世纪70年代初，新建的生产规模为2000吨/日的国营平沙农场糖厂，由苏甦带领设计团队负责设计，项目获国家优秀设计奖。

苏甦带领的设计团队还援助多国建造生产规模为350～1500吨/日的糖厂。由苏甦主持设计的援外糖厂有越南、缅甸、马里、巴基斯坦、尼泊尔、利比里亚、扎伊尔、马达加斯加等国家的十余间。援助越南期间，苏甦获授"胡志明勋章"。

他与甜蜜的事业结下不解之缘

郑云生

岁月悠悠，弹指一挥间，苏甦已是年届古稀的老者。回顾过去，他完全有理由为自己人生道路上获得的成就感到自豪：作为一名建设者，他创下了我国制糖工业的许多"第一"；而作为我国知识分子中的杰出人物，他的名字被载入了《中国工程建设勘察设计大师名人录》。然而，他似乎并不看重这些过去的成就和荣誉，他追求的是在科技事业上不断进取，并乐此不疲，不知老之将至。

在我国糖业界，苏甦是一位知名度颇高的人物，因为他的名字是和许许多多大中型糖厂联系在一起的。

那是新中国的红旗刚刚升起的时候，在战争废墟中建立起来的共和国，满目疮痍，工业生产百废待兴。苏甦正是从这时候开始了创业历程，并从此与制糖这一甜蜜的事业结下不解之缘。

春华秋实，岁月如梭，几年过去了，他先后使沉寂多年的两家糖厂重获生机，并顺利完成了另一家糖厂的迁厂、改建工作。1954 年，为把捷克提供给黑龙江的生产规模为 1000 吨/日的甜菜糖厂迁厂改建为生产规模为 1500 吨/日的甘蔗糖厂，他组织设计了我国第一台压榨机和蔗渣喷燃锅炉，顺利完成了这项捷克专家认为不可能做到的改建工程，那些外国专家不得不为之赞叹！然而，吃别人嚼过的馍馍总是不香的。他不满足于这种修修补补，而是渴望用自己的双手建设我们国家自己的糖厂。

物换星移，时间来到了 1957 年。也许我们应该为这个年份谱一曲赞歌。在苏甦的主持下，我国首次自主设计、自主制造、自主安装的生产规模为 2000 吨/日的大型糖厂——广东中山糖厂和南海糖厂相继建成并成功投产。这标志着我国制糖工业迈入新的里程。

几度春秋，几度寒暑，苏甦先后主持了几十间国内外大中型糖厂的设计和建设。转眼间他也从一个英姿勃勃的青年变成古稀之年的老者。然而，对于一位具有强烈事业心的知识分子来说，他最大的快乐莫过于自己的科研、设计成果能够造福人类。

　　人是要有信念的。在人类发展史上，信念始终是前进的源动力。苏甦的信念便是为祖国科技事业的进步奉献毕生精力。

　　在他的风雨人生路上，也有过不少仕途升迁的机会。1960 年，上级曾想调他到某化纤厂当厂长，但他始终割舍不下对科学技术的不懈追求，在名利、地位与科研之间，他选择了科研。党的十一届三中全会吹来了宜人的东风，他走上了轻工业部广州设计院副院长兼总工程师的岗位，但他依然没有离开科研这方令他着迷的领地。

　　一分耕耘，一分收获。几十年来，他主持研制了GQ（广轻）型管道中和器、喷射硫熏器和石灰回溶碳酸法制糖等制糖设备和新工艺。其中，石灰回溶碳酸法制糖是国家"六五"攻关项目，这一新工艺于 1987 年获得了轻工业部科技进步奖二等奖，1991 年经国家专利局审批获得了专利权，并于 1993 年在糖厂推广应用。

　　当历史跨入 20 世纪 90 年代的时候，苏甦的人生又一次迈入新的里程。1989 年，他被评为"中国工程设计大师"；1991 年，他成为第一批享受国务院政府特殊津贴的专家学者之一。这一切体现了苏甦不断攀登科技高峰的精神，更体现了党和国家对知识分子知识产权和科技成就的尊重和认可。

今天，新的改革大潮在神州涌动，给大地带来了一片盎然生机。苏甦又在筹划新的科研项目，正所谓"老当益壮，宁移白首之心"。他那颗白首之心所系的仍然是甜蜜的事业。

（本文刊载于《消费时报》1993 年 1 月 11 日"旋转舞台"栏目）

作者简介：郑云生，原中国轻工业广州工程院院长、党委书记。

苏甦的党性、事业心、爱国情

郁善藻

　　1952 年，我高中毕业于上海市南洋模范中学，当时它是上海的一所名牌学校。高中毕业后我考取了南京工学院（现东南大学）化工系，学制四年。后来全国高校进行院系调整，为了响应国家早日投身社会主义建设的号召，我通过入学教育学习，被安排到制糖专修科，学制两年。1954 年大学毕业后，我被分配到轻工业部广州糖酒工业设计工程公司工作。

　　苏甦当时是公司的设计室主任，是我的顶头上司。于是，我和他才有缘分从相识到相知，成为工作和生活上的伙伴。我们年龄相差 12 岁，他结婚时已 33 岁，在 20 世纪 50 年代，大家取笑他是"寡佬团"团长。但我并不嫌他老，因为他把他的经历讲给了我听，我由此得知他大学毕业后，放弃香港的工作而投身革命，参加解放战争，打过游击。新中国成立初期又积极参加社会主义建设，为恢复糖厂的生产和建设而奔忙，哪里顾得上谈恋爱、成家立室呢？我对他的理解也得到了我父母的支持。1955 年，我们在广州结婚成家。由于长期战乱，马来西亚和中国没有建立外交关系，苏甡和他的家人已失去联络很多年。我们的婚讯直到 1957 年才得以告知他在马来西亚的亲人。后来，他从马来西亚寄来的回信中得知父亲不幸逝世的消息，父亲临终时一直望着在中国的儿子的照片，不忍移开视线。

13 岁就从马来西亚回国读书的苏甡，深深地懂得强大的国家是海外华侨的靠山和坚强后盾。在学生时代，他努力读书，立志报效祖国，希望祖国强盛。然而在国民党统治期间，政治腐败，民不聊生，眼看抗日战争十四年取得胜利，但人民仍处于水深火热之中，他一直在思考自己的命运和前途。1946 年他从广西大学化工系毕业，教育部分配他去台湾工作，他没去。后来他到香港泰盛染织厂当技师，在那工作了一年多。后来在大学校友唐强同志的启发和引导下，他走上了革命的道路。1948 年 1 月，他历经艰难险阻到达粤赣湘边，加入纵队打游击，入编东二支二团。1948 年 3 月他加入中国共产党，成为一名光荣的共产党员。在部队里，他经受种种考验，革命意志十分坚定，担任了连政治指导员和区委书记等职。新中国成立前夕，由于阑尾炎发作，无法跟上大部队，他回到广州做了阑尾炎手术后，被组织安排到广东制糖工业公司参加接管工作。他和唐强同志跟随军事代表白烽同志接管东莞糖厂。

广东糖业在国民经济发展中起着举足轻重的作用。尤其是在新中国成立初期，广东制糖工业公司的几位领导，如曹鲁部长、邢贻行司长、黄振勋总工程师等相继调往轻工业部。广东省省长陈郁和轻工业部的领导非常关心糖厂的生产情况，经常到广东制糖工业公司和糖厂视察，极大地鼓舞了糖业界的职工。

苏甦在东莞糖厂完成军事接管任务之后就调回广东制糖工业公司任业务室主任，经手恢复建设市头糖厂、揭阳糖厂，迁建和扩建紫坭糖厂，之后被调往轻工业部广州糖酒工业设计工程公司担任设计室主任。1955 年，轻工业部下达新建生产规模 2000 吨/日的中山糖厂、南海糖厂的设计任务。在这个光荣而艰巨的任务面前，他既兴奋又自信，表示一定努力完成。

公司党委书记兼院长叶泽权在动员大会上反复号召

大家要以只争朝夕的精神发愤图强，要"精心设计、精心施工"。区寿康总工程师也经常到科室和大家共同讨论设计方案，将多个方案进行比较，然后决定最优方案。从初步设计到施工图设计，大家都认真负责、一丝不苟地去完成。设计文件和图纸出来之后，互审和校审工作很重要，大家尽量做到不出差错，不给施工造成麻烦。从工艺、设备、土建、电气到水工，各工种互相配合，分工明确，组织具体，协调一致，终于顺利地完成各项设计文件和图纸，交付制造和安装施工。施工过程中，公司派出设计代表驻守工地，设计人员到现场配合施工，有问题及时解决，避免推诿，这对于设计人员提高技术业务水平有很大的好处。在中央轻工业部的正确领导下，在全体设计人员与施工人员的共同努力下，中山糖厂、南海糖厂于1958年年初一次投产成功，这是糖业界的大喜事，这两间糖厂是中国自主设计、制造、施工的国产化糖厂，取得这个业绩与设计人员、施工队以及全体糖厂职工的艰苦奋斗分不开。

在以邓小平同志为核心的党的第二代中央领导集体做出的改革开放重大决策的光辉照耀下，苏甦刻苦钻研技术，勤读有关糖业的书籍、杂志，了解国内外制糖科技的新动向，充实自己，以提高自身制糖技术水平。另外，他多次出国考察，十分注意收集资料，凡是对我们有用的，或有参考价值的东西，例如喷咀、滤布、筛网、蔗渣纤维板等，他都设法带回来介绍给糖业界的同志们，让大家开开眼界，并从中得到启发。一般糖厂所用的立式喷射中和器就是以从利比里亚带回的喷咀为样本的。他亲手绘成设计蓝图，和设计院、糖厂的同志们一起反反复复地试验，日夜奋战在第一线，试验终于取得了成功，以立式喷射中和器代替原有的中和箱，既提高了蔗汁澄清效率，又节省了车间面积。这一成果多年来获得了十多项部级和省级的科研成果奖。一张张命名为 GQ（广轻）型的设计蓝图，都是他和设计院的同志们共同努力的结果，凝结着许多同志的心血与智慧。

1989 年，国家建设部授予苏甡同志"中国工程设计大师"的荣誉称号，充分肯定了他为糖业所做出的贡献。获奖后他感到十分激动和兴奋。

苏甡虽在事业上卓有成就，但从不居功自傲。他作风正派，性情耿直，明辨是非，爱憎分明。作为一名共产党员，他革命意志坚定，爱祖国、爱人民，一心为公，不贪不腐。可是正直的他却容易得罪一些喜欢听好话、阿谀奉承的伪君子和小人。他十分敬佩那些肯讲真话、真心实意为老百姓办事的人，如白烽和叶泽权等同志。

"文化大革命"时，苏甦受到冲击，那是在他到缅甸为缅二厂设计收集资料、考察期间，一小部分人利用他平时较少参加党委会议，说过几句错话，就上纲上线，把他日夜关在设计院大楼楼梯底下的黑房中。刚从国外回来的他莫名其妙受到突如其来的打击，身心受到很大的伤害，但是他心里明白，自己没做亏心事，因此很坦荡。他被关了一个多月才放回家。当时，我怀小女儿已有七八个月，每天挺着大肚子给他送饭。我家保姆也受到牵连，离开我家。

当时，苏甦心中没有惧怕。他相信党、相信群众，他是一个有担当、有责任的男子汉。

任何领导者做事都不可能面面俱到，只要光明磊落、问心无愧就好。我们的住房紧张，设计院多次建宿舍，他每次都先人后己，让别的同事先住新房子。直到1985 年，我们才从住了29 年的旧房子搬到目前住的面积为86 平方米的宿舍。我家的客厅面积小，一家十多个人相聚，摆一张大的饭桌，就走不了人了。最大的房间面积也只有 11 平方米，放一张大床、一个衣柜和一张桌子就差不多满了，因此无处藏书，这让他很困扰。尽管很想有一套大房子，但他不愿意麻烦领导，而是安慰我说："够住就好了。"这说明他生活上要求并不高。这种克勤克俭的作风，亦是党性强的表现。正如 1956 年轻工业部广州设计院第一次工资调整，经群众评议，苏甦可以升两级工资，但他本人却坚决要求只升一级，宁可每月拿 177 元而不要每月拿 199 元，将余下一级额度让给别人。这种大公无私的高尚情操，在党员和群众中传为佳话。

我工作忙，承担许多项目的设计，并担任副总工程师等职务，同时又是三个孩子的母亲，家务的担子也很重。我们把三个孩子培养成才，他们后来都成了家，生儿育女。我们有三个孙儿，现在孙辈已大学毕业，其中两个是硕士研究生。

我和苏甦结婚 60 年，相亲相爱，共同为甜蜜的制糖事业奋斗了一生。我们亦感恩，是中国共产党的领导给予我们幸福美满的家庭和幸福的晚年。

2015 年 6 月

作者简介：

郁善藻，女，中共党员，高级工程师，原轻工业部广州设计院副总工程师。1934 年 5 月出生于上海市，1954 年在南京工学院（今东南大学）制糖专修科毕业后，被分配到轻工业部广州糖酒设计工程公司工作，至 1989 年退休，由于工作需要返聘5 年，于 1994 年离任。曾担任轻工业部广州设计院副总工程师、制糖设计室主任、工艺组组长等职。

蔗糖工业自主发展的摇篮

冯 夏

从 1933 年起，广东先后引进生产规模为 1000 吨/日的机械化糖厂六间，其中，一间外迁，三间在抗战时期被破坏，到 1949 年新中国成立时，只有东莞糖厂和顺德糖厂能够生产。但东莞糖厂停产时间多于生产时间，两间糖厂的设计生产能力都从未实现过。

1949 年 10 月 1 日中华人民共和国成立，10 月 14 日广州解放，党派遣久经革命历练的邢贻行、白烽、叶泽权三位老前辈到广州成立蔗糖工业军事接管小组，接管国民政府资源委员会管辖的广东糖业。新成立的广东糖业公司，初期短暂隶属广东省人民政府工业厅，办公地点在广州爱群大厦。之后归属中央人民政府轻工业部领导。办公地点迁至广州沙面复兴路 44 号。

1949 年 11 月，东莞糖厂、顺德糖厂军事接管小组成立。东莞糖厂由白烽任军事代表；唐强任厂党支部书记、工会主席，管生产；苏甦任行政课课长。顺德糖厂由叶泽权任军事代表，孔刚任工会主席，侯秀斯任人事股股长，赖清为成员。[1]

1952 年前，顺德糖厂、东莞糖厂复产，达到 1000 吨/日的设计生产能力；市头糖厂、揭阳糖厂复建工作于 1952 年全部完成，都能按设计生产能力顺利生产；原惠阳糖厂迁建于紫坭，1953 年年初动工，当年年底能按设计生产能力 1000 吨/日正常生产，一次投产成功。

一、三位军代表的战斗历程

（1）邢贻行：三位军代表中革命资历最老者，可惜至今健在的老人对其革命经历均不大清楚。他于 1952 年国庆节期间调到北京，在轻工业部任制糖司司长，后任副部长。他是广东制糖工业发展的领航人和奠基者之一。

（2）白烽：1938 年在印度尼西亚接受革命引路人——毛泽东同志的同学张国基的指引，回国参加革命，加入新四军，是经历过抗日战争和解放战争的革命干部。他于 1950 年 6 月从东莞糖厂调回部属广东糖业公司任副经理，并在邢贻行经理于 1952 年 10 月调至轻工业部后任经理。轻工业部广东糖业公司的职能是管理大型糖厂。1958 年部属广东糖业公司撤销，业务交由地方管理，职能划入广东省食品工业厅，当时邓望林（经历长征的老革命同志）任厅长，白烽任副厅长（后任轻工业厅厅长）。

（3）叶泽权：读初中时接受革命思想的指引，结业后当了制糖工人，1936 年参加革命，在延安参加战斗。

叶泽权任军事代表，接管顺德糖厂，提前超额完成恢复糖厂生产的任务。该厂日榨蔗量在中华人民共和国成立以前只有设计生产能力的 80%，叶泽权接管后很快就实现了日榨蔗量 1000 吨的设计生产能力，有时还会超额完成，各项管理工作开展得很顺利。1953 年，广东糖业公司建立先进的三大管理制度，以顺德糖厂为试点。

叶泽权于 1950 年调回广东糖业公司任副经理，分管恢复建厂的基建任务，接着又担负实现大型糖厂国产化的职责。他事事精心策划，超前设计，力求成功。

为了确保三年完成恢复建厂的任务，1950 年年初，广东糖业公司把东莞糖厂军事接管小组成员、广西大学化工专业毕业、在粤赣湘边纵队东江第二支队担任指导员的苏甦调回公司，让他负责复建的基建任务。1949 年以前，广东五间机械化糖厂，有三间的设备和零部件，但凡能搬动的，都被人偷盗卖光，很多被卖往香港太古仓码头。公司派苏甦到香港买回来，做好维修工作，并制造尚欠缺的设备和零部件，确保了复建工作顺利完成。1952 年五一劳动节前后，公司为大型糖厂国产化"练兵"，将残缺不全的惠阳糖厂搬迁到紫坭，迁建生产规模为 1000 吨／日的紫坭糖厂。

此外，广东糖业公司还设立了机械制造厂，由中山大学机械专业毕业的东江纵队老战士孔刚负责。同时公司还设立了糖业安装队。

1953 年年初，叶泽权经理亲自带领全体设计人员到紫坭现场办公。当年年底，生产规模 1000 吨／日的紫坭糖厂建成，并顺利投产。

1955 年，轻工业部下达指示建造国产化生产规模为 2000 吨／日的中山糖厂，接着又下达指示建造同等生产规模的南海糖厂。1956 年，轻工业部广州设计院成立，叶泽权同志担任院长，定员 200 人，但当时设计院技术力量很薄弱，只有两位总工程师和十多位老技术人员。设计室下设组，组长是刚走出校门的本科生和专科生，一般技术人员大多数是 1954 年至 1956 年毕业的专科生，仅少数是本科毕业生。当时正值中华人民共和国成立初期，国家底子薄，经济困难，生活艰苦，工作条件差。面对要创新设计如此复杂的设备，特别是大型压榨机列，大家信心不足。叶泽权院长善于组织力量，做思想动员工作，任用两位既是内行，又能做思想动员工作的游击队员，使他们成为顶梁柱：一位是广西大学化工专业毕业的粤赣湘边纵队指导员苏甦同志，负责设计工作；另一位是中山大学机械专业毕业的东江纵队老革命孔刚同志，负责制造安装工作。叶泽权教育全体人员要认识到，这是党交给大家的光荣任务，要开创我国蔗糖工业新纪元，要下定决心努力打好这一仗，做到"百年大计，质量第一"，必须精心设计、精心制造。

同时，又有优秀"伯乐"区寿康总工程师的协助，他以实绩激励大家。1951 年要复建揭阳糖厂，区寿康把设计大型压榨机列的任务交给中专毕业参加工作未满两年的詹益江同志，詹益江仅用几个月时间就交出了制造图纸。揭阳糖厂在当年年底开榨一次投产成功，效益优良。这代表我国第一套大型甘蔗压榨机列设计成功。1958年我国实现大型糖厂国产化，一次投产成功，并在第一个榨季就能收回成本，其中就有詹益江同志的一份功劳。

叶泽权院长重言教，更重以身作则，亲自带领大家现场设计，与大家一同工作和生活，住在旧庙里，这极大地鼓舞了大家。同时，他注重做好"传、帮、带"工作，以老带新，从上到下，群情激奋、斗志昂扬，高效率地完成全盘国产化任务；1956年完成500吨／日、1000吨／日、2000吨／日三个生产规模的定型设计，促进了全国各地蔗糖业的发展。

二、广东糖业公司引领蔗糖业自主快速发展

根据轻工业部的指示，1950年年初广东糖业公司成立，邢贻行任经理，白烽和叶泽权任副经理。白烽分管糖厂生产，叶泽权分管设备维修及基建。1952年，邢贻行调至轻工业部，白烽任经理，李健行、卜蔚任副经理，但两位任职时间均不长。

广东糖业公司的先进的管理机构如下。

（1）党委会：书记陆荧，组织部部长许足诚，另有宣教人员若干。

（2）总工程师技术责任制：总工程师黄振勋，副总工程师冯达。

（3）行政机构。

办公室：主任高枚（珠江纵队老革命）、张吟秋。

监察室：主任万国稔（南下大军的一员）。

人事科：科长李桂敏，约 1955 年由麦启华（珠江纵队老革命）接任。

秘书科：科长陈明洛（归侨老革命）。

劳动工资科：科长侯秀斯、周绮文。

保卫科：科长何道友、吕佩元、刘海青。

供销科：科长沈士玉。

（4）生产技术管理机构。

技术室：主任黄振勋，副主任冯达。黄振勋于 1952 年 10 月调离公司，1953 年 3 月起由唐强接任主任，冯达、黄廉章任副主任；1956 年主任为杨铭谱（老游击队员），副主任为冯达。

农务科：科长陈怡林（农艺师）。

计划科：科长冯加乐、鲁纳（1940年参加新四军，是经历过抗日战争和解放战争的革命老干部）。1952年3月起由唐强接任科长至1953年年初。之后由李士熊（东江纵队老革命）接任科长。

会计科：科长徐亚夫（老会计），副科长邱锦智、王邦模（进步青年、会计）。后由王邦模任科长，他在制定先进的财务制度方面做出了较大贡献。[2]

邢贻行、白烽、叶泽权三位前辈，既是建国功臣，又是捍卫经济领域"红色政权"的突出代表。在党的正确领导下，他们带领广东全体蔗糖业员工，用四年多的时间做出了重大贡献，使蔗糖业成为广东的经济支柱产业，广东糖业公司成为管理水平先进的企业。

尤其是1958年1月，实现设计、制造、安装、投产全盘国产化，生产规模为2000吨/日的中山糖厂、南海糖厂一次性投产成功，一个榨季所获的利润便能抵偿全部投资，结束了我国大型糖厂靠进口的日子。这标志着我国制糖工业迈进了新的里程。

取得这样重大成就的原因在于以下五个方面。

第一，在党的领导下，邢贻行、白烽、叶泽权三位前辈做出了正确的决策。

公司心系祖国发展，力求蔗糖业高速发展。1950年建立生产管理与维修基建两个体系，为蔗糖业的发展奠定了基础。1952年5月部署为实现大型糖厂国产化"练兵"。

第二，对于复产与复建，分两种办法和两步走。

首先进行东莞糖厂、顺德糖厂的复产。从政治思想教育入手，树立当家作主的精神。组织劳动竞赛，以骨干力量带动新生力量，工人生产积极性大大提高，情绪高涨，当年就实现1000吨/日的设计生产能力正常生产，有时还可达到1100吨/日。而复建厂则需事前做好设备部件配置工作，再将复产厂一半员工调到复建厂作为力量保证，这一方法很是奏效。这是当年复建当年完成、顺利生产的保证。

第三，认真执行党的干部政策和知识分子政策。

尊重知识，热爱人才，重在表现，有德有才就重用。对于有才能的，安排在主要项目岗位上。对于犯错误的，严格执行党的政策法规，但不能一棍子打死，只要改正就好。对于老技术人员，大胆重用。黄振勋、冯达分别任正、副总工程师；其他资深技术人员，都被安排在重要岗位上。十多名广西大学毕业的大学生，放弃当时香港优厚的待遇，回内地参加社会主义建设，都被重用。他们当中有多位经过两年左右的培养，当上了大厂总工程师、生产副厂长。

1952年全国工业代表会议召开，公司派唐强参加。1954年和1956年，公司派技术人员到苏联、捷克、波兰等国考察学习，唐强、苏甦、何敬举都曾参加。1956年的中波技术合作会议，公司派唐强出席。

白烽经理对唐强极其关怀，我铭记终生。唐强和我结婚时，白烽经理主动让出他居住的宿舍给我们，他一家七口搬到办公室暂住，待低标准的宿舍落成后他们才搬回宿舍住（此事我一直到2015年才知道）。我于1955年调到广东糖业公司。唐强安排我下厂学做"劳资"工作，谁料我被安排做"肃反、审干"工作。白烽经理知道此事后，即刻调我回公司，并安排我们在沙面居住。我十分感激白烽经理对我的培养和照顾。

第四，建立能确保生产成效的优秀的三大管理制度——计划管理制度、技术管理制度、财务管理制度。

1952年公司遵照轻工业部的指示，为制糖工业进入发展期做出部署，安排人员学习国内外先进管理经验。1952年3月，公司调唐强任计划科科长，由公司领导带队，组织有关技术中层领导、中年技术人员、厂的先进生产工作者、青年技术人员（包括当时的大学毕业生毛礼镭、曾参加社会主义建设的进步青年王邦模，这两位都做出了较大贡献）学习国内外先进的经验。从1952年起，公司共派出四批人员外出学习，每批12～15人。第一批由邢赂行经理带队，第二批由白烽经理带队，第三批由卜蔚副经理带队。唐强也带过队，到过甜菜糖厂、纺织厂、造纸厂学习，也到过大庆油田"取经"。1953年，公司组织生产管理人员赴苏联、捷克考察学习。1956年，公司组织设计人员到苏联、波兰考察学习。

此外，公司还组织工作组，针对三大管理制度存在的问题及生产中发生的事故进行调查研究，与群众共商共议。

（1）计划管理制度。以顺德糖厂为试点，公司于1952年制定出计划管理制度，于1953年年初调唐强任技术室主任。计划管理制度包括作业计划、安全规程、岗位操作规程，班报、日报、期报，调度制度，科室管理人员职责范围。

（2）技术管理制度。针对澄清和煮糖依靠技工的经验判定，各施各法，因而不能保证良好生产效能的问题，公司组织了老、中、青技术人员进行技术攻关，制定了澄清技术条件和煮糖制度，并于1953年年底颁布实施。该制度确保了公司安全、优质、高效、高利润的生产。国产化南海糖厂、中山糖厂建成投产，第一个生产期就能收回投资成本，煮糖制度首创之功助力不少。

（3）财务管理制度。1950年，公司开始实行财务核算制度。1953年起编制财务收支计划，实行班组核算，指标下达到班组，根据质量指标，制定成本与利润指标。

为保证三大管理制度切实执行，收到安全、优质、高效、高利润的效果，车间配备了"三大员"——计划员、成本员、材料员。

以上三大先进管理制度，使公司成为广东管理最先进的企业，促进了广东蔗糖业实现"跃进式"发展，并对广西、云南等地的蔗糖业起到了示范作用。

此外，公司于1954年设立走廊实验室，对设计国产化大型糖厂所需资料进行测定。为了结束食糖依靠国外进口的日子，实验室对引进的江门甘蔗化工厂、广州糖厂及计划设计的国产化中山糖厂、南海糖厂的地质资料和建厂需要的原材料、辅料进行测定，为设计提供依据。

第五，一种制度、两项科研成果助推蔗糖业大发展。

1953年年底公司颁布实施的煮糖制度，确保了优质高效煮糖。1956年荣获轻工业部先进操作法奖的"五一煮糖法"以及1964年"卧式管道中和器"获国家计委、经委、科委授予"新产品二等奖"，项目成功投产，使糖厂生产效益大大提高，经济效益显著。上级要求广东蔗糖业"跃进式"发展，于1961年任命唐强担任轻工业厅制糖造纸工业局副局长。唐强在任职期间把上述科研项目推广到全省多间糖厂。[3]

综上所述，新中国成立后建立的广东糖业公司，在党和政府的重视和正确领导下，引领广大糖业同仁，独立自主、艰苦奋斗、务实奉献，使原来落后的广东蔗糖工业迅速恢复完善、发展壮大，逐步形成一整套具有生产、管理、科研、教育、设计、机械、安装、援外等功能的独立自主的糖业体系。至此，大型糖厂实现国产化，杂交甘蔗培育成功，蔗糖产量、质量大幅提升，生产管理水平尤其高。并培养出一批优秀的领导干部和技术骨干，他们被调到中央和福建、广西等地，把广东蔗糖业自主发展的成果和经验传播到全国各地。这些说明，在党和政府领导下的广东糖业公司是我国蔗糖工业自主发展的重要组成部分。

附注：

［1］本文关于广东糖业公司的史实，承蒙原轻工业部广州设计院高级工程师、副总工程师郁善藻同志的大力协助，在此致谢。

［2］有关广东糖业公司财务管理制度的制定和实施情况，王邦模同志提供了有关资料，特表谢意。王邦模同志曾任广东糖业公司会计科副科长、科长，广东省轻工业厅会计处处长、副厅级巡视员、轻工系统财务总监等职。

［3］有关20世纪50年代广东糖业公司的机构、人员、业务及变动情况，因年代久远，当事人、知情人如今已是八九十岁的老同志，记忆难免不够全面或有误。作者经多方努力，搜集有关史实资料、物证等，力求史料真实可靠。鉴于个人能力有限，难免会有疏漏，恳请包涵。

紫坭糖厂现场设计组的回顾

郁善藻

1952 年揭阳糖厂榨季结束后，广东糖业公司开始筹备紫坭糖厂的迁建工作。由谢梦驰工程师带领几位机械设计人员到惠阳糖厂现场测绘受破坏的设备。五一劳动节前后，设计人员和安装人员撤回广州。在广东糖业公司的统筹下，成立了设计室、安装队和机械厂。

苏甦同志担任设计室主任，正式开始筹建紫坭糖厂。为了满足施工进度的要求，1953 年年初，设计室全体人员从广州沙面搬到紫坭进行现场设计。在安装队和设计室全体人员的共同奋战下，1953 年年底，紫坭糖厂建成投产，生产规模为 1000 吨/日，一次投产成功，实现正常生产。1954 年年初，紫坭糖厂现场设计工程完成后，设计组队伍返回广州。

紫坭糖厂现场设计组人员组成情况如下：工程技术人员大都是大专院校化工、机械、电力、土木建筑等专业的毕业生，是 20 世纪 50 年代初广东糖业公司招聘的或从糖厂及机械厂调来的。

当时，现场设计组的办公室很简陋，只有两个棚子，一个给工艺设备人员办公用，另一个给土木建筑人员用。设计组成员住的地方也较差，乡村里的祠堂、旧庙都用上了，两个星期才回广州休息一天。虽然工作条件较差，生活较艰苦，但大家都能克服困难，努力工作，积极完成工作任务。

关于紫坭糖厂建厂时现场设计组机构组成人员名单，首先由我初步列出一份名单，然后我想方设法找到当时参加紫坭糖厂现场设计工作的梁灼彬工程师和冯伟昂同志，与他们商讨，经他们回忆、补充和修改，现场设计组机构组成人员名单得以完善。在此，感谢梁灼彬工程师和冯伟昂同志的积极协助。

但是，毕竟时隔近 70 年之久，当年的技术人员绝大多数都不在世了，因此难以做到百分百的准确，恳请包涵。

2022 年 3 月

附：广东紫坭糖厂现场设计组机构组成人员名单

设计组领队：

区寿康　　苏　甦　　麦乔生

工艺设备人员：

程耀芳	林乐新	潘锦棠	张鉴棠
谢梦驰	钟明鲁	张国治	陈权盛
詹益江	徐中平	饶荣和	梁桂森
鲍道鸿	陈　佳	何文谦	姚达英
黄耀波	邹鼎文	周汝英	蒋庆潮
梁灼彬	叶本辉	戴明璋	方兆瑞
容颂民	霍镇昌	肖文庆	高藻华
梁意成	杨　廉		

锅炉电器人员：

范纪游	程士源	梁谦福	陈庆奕
汤贻咸	陈秩礼	黎国民	刘永贤
黎炽铨	黄仲仁		

土建建筑人员：

沈锡琨	李育华	李　豪	余普英
梁继乾	梁达邦	伍尚德	谭慕蓉
肖心余	温尔堇	陈仲伟	

文印资料人员：

罗焯光　　冯伟昂　　张　棠　　李义九

新中国日榨 2000 吨甘蔗糖厂的诞生

苏　甦

我原名苏森泉，上大学时改名为苏化然，直到参加革命后才改名为苏甦，甦为复甦、觉醒，这代表着人生一大转折。

1922 年 7 月 6 日我出生于马来西亚柔佛州麻坡县。我的父亲苏文进早年移居国外，祖籍是中国广东澄海。由于澄海（属潮州地区）地少人多，迫于生计，很多人移民东南亚一带。我的父亲在马来西亚种植橡胶树，还经营一些小生意，母亲在我 3 岁时生下我的妹妹后得病不幸去世，父亲无奈把妹妹送给别人，回国娶了我的继母，他们共同把我的大哥和我抚养长大。我从小爱读书，13 岁那年，父亲便托友人把我带到香港读书。1941 年太平洋战争爆发前，家中尚能寄钱供我读书、生活，自从日本侵略者占领香港后，家中就不能寄钱到香港，我的生活便成了问题，渐渐与家中失去了联络。

我在香港举目无亲，只能靠同学和同乡会的帮助勉强维持生活。

中学时我在香港就读于喇沙（La Salle）书院，那是一间天主教教会学校。学校要求严格，尊师重教，制定了一整套规章制度。校长作为一校之长，在老师和同学的心目中是最具威严的。在他的训导之下，同学们不敢犯规，很少打架。自此我养成了勤奋好学的习惯，学习成绩名列前茅。中学时期打下的英语基础，使我到大学时即使课本都用英文版也能应付自如，阅读英文资料及出国谈判都无须翻译人员。严格来说，应该是"严师出高徒"造就了我吧！

1942年我考入广西大学（简称"西大"）化学工程系。抗日战争的烽火燃烧到广西南宁，学校不得不迁往桂林、上海等地。流亡过程中，我继续与学校保持联系，与老师、同学互勉完成学业。在学校时，我经常到图书馆读书、自习。与同学在化验室做实验，我的自主学习的能力和水平得到了很大的提高。在西大期间，我与一众进步同学参加抗日救亡以及反对国民党反动派，反内战、争和平等运动，从而认识了唐强等进步同学。1946年我大学毕业，教育部起初分配我去台湾工作，我没有去。之后经友人介绍，我到了香港泰盛染织厂担任技师，薪资待遇都不错。工作一年多后，在西大校友唐强同志的引导下，我赴东江游击区加入了粤赣湘边纵队东二支二团。有一次，我和何铭思同志在经过游击区的封锁线时，遇上国民党宪兵的盘查，我们带了有关如何制造弹药的书，放在行李袋中。当时情况十分紧急，如被发现，不但书会被没收，可能性命也难保。幸好书是德文的，搜查的宪兵根本看不懂，我们终于过关了，不过，却出了一身冷汗，十分惊险。进入游击区，在艰苦的岁月里，我和战友何铭思同睡一块床板，同喝一盅水。为宣传和抗击敌伪军，我们没日没夜地行军作战。当时队伍大多隐藏在老百姓家中，伙食很差，且缺医少药，导致我的肠胃不好，经常胃痛、腹泻。经历了许多磨难和考验后，1948 年 3 月我加入了中国共产党，正式成为一名光荣的共产党员。在党的领导下，我逐步成长起来，并担任连政治指导员，在当时广东新丰区任区长，在革命熔炉中练就了一颗烈火红心。

1949 年广州解放前夕，我在广东河源一带开展工作，山区的工作条件十分艰苦，我都能坚强地挺过去。可是后来我阑尾炎发作，在当地没有办法去医院做手术，只能住在老百姓家中，每天喝一点粥水。后来肚子痛得我无法动弹，又不能拖累大部队出发行进，于是我只能忍着疼痛，人瘦得只剩皮包骨了。幸好，广州解放了，我拖着病体到广州华南分局报到。然后我便去了广东省人民医院就医，经确诊为阑尾炎，需要立即住院做手术。在举目无亲的广州，我的身边只有一个"小勤务兵"黄世平。在手术过程中，麻醉药很快就失效了，我忍着剧痛坚持做完了手术。出院后，组织上分配我到位于广州沙面的广东制糖工业公司工作，从此开启了我为制糖事业奋斗的生涯。

由于广东的地理条件特别适合甘蔗生长，因此这里的甘蔗种植、制糖工业已有一定的历史。1933年左右，当时广东地方政府从国外引进了六间机械化糖厂，它们是市头糖厂、新造糖厂、惠阳糖厂、顺德糖厂、东莞糖厂、揭阳糖厂。但由于生产关系落后，六间糖厂生产发展缓慢，实际日榨蔗量没有一间达到1000吨/日的设计生产能力。抗日战争时期，日军炸毁了四间糖厂。到1949年广州解放时，广东只剩下东莞糖厂、顺德糖厂能够生产，榨蔗量只有800吨/日左右。

广州解放后，接管顺德糖厂的军事代表是叶泽权同志；接管东莞糖厂的军事代表是白烽同志，唐强同志和我是东莞糖厂军事接管小组成员。实行军事管理后，糖厂的治安保卫和生产秩序逐渐恢复正常，工人生产的积极性大大提高；榨蔗量由原来不足 800 吨/日提高到 1000 吨/日至 1100 吨/日。

在三年经济恢复时期，公司计划先复建市头糖厂、揭阳糖厂，并决定由东莞糖厂负责复建市头糖厂、顺德糖厂负责复建揭阳糖厂。

我跟随白烽同志完成东莞糖厂军事接管任务之后，领导调我到广东制糖工业公司担任业务室主任。为了全面恢复市头糖厂、揭阳糖厂的生产，公司赶在东莞糖厂、顺德糖厂停榨期间抽调人力把市头糖厂、揭阳糖厂的设备完善和维修好，除了分配詹益江等同志参照实物设计、绘制压榨机图纸，以便进行订制加工外，领导还指示我带领何文谦、陈明等同志到香港订制和采购所需的糖机设备，如压榨机、蒸汽机、发电机、水泵、真空泵等，以及必要的机械配件。市头糖厂、揭阳糖厂在抗日战争期间被炸毁后，所有能搬得动的零部件和小设备均被人偷盗卖光，剩下的只有空壳和底座，有不少机器、铜管、水泵被卖到香港太古码头。由于时日已久，设备失散严重，锈渍斑斑，导致难以辨认，幸亏何文谦、陈明等是熟悉机械的工程技术人员。虽然时间十分紧迫，采购和加工过程中遇到不少困难，但我们熟悉业务技术且通晓英语，能顺畅地与港商交流和沟通。我们通过共同努力，千方百计，终于完成了任务，将足足装满三艘大船的糖厂设备顺利运到广东，使市头糖厂和揭阳糖厂实现了当年复建、当年投产，圆满地完成了组织交给我们的任务。

由于经手上百万的资金，且统统是我一个人向广东制糖工业公司财务报销的，因此"三反"运动中有人怀疑我与何文谦、陈明等有贪污行为。直至查账搞清楚我们无一人有贪污的事实，而且账目清清楚楚，我们的清白才得以证明。通过这次考验，组织上对我亦格外信任了。

1952年揭阳糖厂榨季结束后，公司开始筹备紫坭糖厂的迁建工作。由谢梦驰工程师带领几位机械设计人员先到惠阳糖厂现场测绘受破坏的设备。五一劳动节前后，设计和安装人员撤回广州，在广东制糖工业公司的领导下，增加人员成立了设计室、安装队和机械厂。由我担任设计室主任，正式开始筹建紫坭糖厂。为了满足施工进度的要求，1953 年年初，设计室全体人员从广州沙面搬到紫坭进行现场设计。在安装队和设计室全体人员的共同奋战下，该年年底，紫坭糖厂建成投产，生产规模为 1000 吨/日。至此，珠江三角洲又增加了一座规模较大的糖厂。

1954 年年初，紫坭糖厂现场设计工程完成后，队伍回到广州，并成立轻工业部广州糖酒工业设计工程公司，包括设计室和安装队。1956 年设计室和安装队分开，设计室成为轻工业部广州设计院的前身。

1954 年，设计室在成立初期还设计了福建省的泉州糖厂和广西省（1958 年改为自治区）的贵县糖厂。贵县糖厂是捷克进口的生产规模为 1000 吨/日的甜菜糖厂迁建并扩大改为生产规模为 1500 吨/日的甘蔗糖厂，由于原料不同，生产工艺和设备需做适当调整，尤其是压榨机和锅炉均需重新设计和配置。压榨机是由钟明鲁工程师指导，詹益江同志设计、绘制的我国第一套新型压榨机。锅炉方面，经范纪游工程师等专业工程师共同探讨，将炉膛改建以适应用蔗渣作燃料代替烧煤。当时，捷克专家认为那是不可能的事，糖厂终于建成的事实让捷克专家也十分佩服。经过磨炼的设计队伍从此茁壮成长起来。

为了满足糖业大发展的需要，20 世纪 50 年代初，轻工业部在广东、南京、上海、天津、四川等地的大专院校培养了一批工程技术人员（他们有的原定四年大学本科毕业，提前为三年毕业；有的原定本科四年毕业，改读专科两年毕业）。自 1954 年至 1956 年，一群20 岁不到的青年，怀着一颗红心远离父母，服从国家的分配，来到广东，充实和加强了广东糖业管理部门以及糖酒生产厂的设计、科研和技术力量。

当时设计室既没有办公楼，也没有会议室和食堂，而是在广州一德路新世界旅店租了几间房，作为设计室和办公室。另外租用了沿江路的新生旅店作为食堂和开会地点。从各校分配来的大中专生被安排在附近街道的小旅店和小巷中居住。就这样，大家克服语言、生活上的种种困难，完成了上级下达的各项工作，包括紫坭糖厂扩建的任务。

1956 年，正当全国糖业大发展时，轻工业部组织了几十人的中国糖业考察团，以糖业司司长邢贻行为领队，前往苏联、波兰进行考察，何敬举总工程师和我是轻工业部广州设计院（简称"设计院"）的考察组成员。这次出国考察大家的收获不少，参观了波兰的糖厂和苏联、波兰两国的糖业研究机构，拜访了两国的糖业领导，对业务精进很有启发和帮助，推动了广东和全国其他地区糖业的发展。

1956 年后，设计院有了新的办公楼，定员约 200 人，有图书室、资料室、设计室、设备室、制糖室等。设计室增添了绘图台、凳，硬件设施完善了很多。设计院第一任院长兼党委书记是叶泽权同志，区寿康同志为设计院总工程师，我担任制糖室主任，谢梦驰工程师担任设备室主任。设备室下设置原料处理组（包括压榨）、糖机组。制糖室包括工艺组、锅炉组、电力组、土建结构组、建筑组、水工组、预算组等，担任专业组组长的大都是从大学或高等职业院校毕业的。

中专毕业且历经市头糖厂、揭阳糖厂复建和紫坭糖厂现场设计安装施工的实践锻炼的骨干，他们既熟悉业务，责任心又强，如原料处理组组长詹益江、糖机组组长何文谦、工艺组组长张鉴棠等。另外，锅炉组、电力组、自动化组由范纪游和黎炽铨工程师负责；土建由梁文翰、沈锡琨负责技术把关；潘锦棠、何以蕃是西大化工系的大学毕业生，他们负责工艺方面的设计与计算。

经过老工程技术人员的传、帮、带，刚从学校分配来的大中专毕业生上手较快，组成了一支坚强有力的设计队伍。1955 年轻工业部下达指示新建生产规模为 2000 吨/日的广东中山糖厂和南海糖厂，设计院从上到下全体同志群情激昂，下定决心要打好这一仗。但是光靠口号是万万不行的，必须真正做到"精心设计、精心施工"，以一丝不苟的精神，把设计质量放在第一位。这是"百年大计"。于是，我们遵循上级的指示，严格把好设计质量这一关，按照设计程序，做好初步设计、技术设计和施工图设计及各个阶段的自审和上级的审查工作，做到层层把关，严抓细管。在中山糖厂、南海糖厂技术设计阶段，根据轻工业部的指示，设计院集合群众的力量编写了一套完整的技术设计文件，内容包括工艺设计计算、设备材料高度计算、土建结构计算和技术经济预算等，比较详细，还编有各种关于制糖设备计算的书。后来这些资料被有关院校拿去作为编写教材的参考，这些资料对其他省制糖设计院也有一定的参考价值。

由于糖厂化工单元多、糖机设备种类复杂繁多，而当时较难有图纸资料参照和借鉴，全靠设计人员自己动手，开动脑筋创新。设备方面的同志，负责澄清和煮炼不同的设备，不仅经常下厂测绘或模仿，在现有的糖厂设备基础上加以改进，还深入糖机制造厂与负责制造的工人师傅共同研究设备结构的合理性或先进性。如姚达英同志设计的蒸发罐、黄耀波同志设计的 28 立方米煮糖罐等，都考虑了对流循环良好、结构合理、便于安装等诸因素，受到厂方的好评。工艺方面的设计人员，亦经常下厂，向市头糖厂和顺德糖厂的老工人了解亚硫酸法糖厂生产过程中，分析哪些合理的地方需要保留，哪些不合理的地方需要加以改进，以提高生产效率，生产出一级白砂糖。

在设计工作中我们注意各工种互相配合、协调一致，尤其是工艺与土建结构等资料的提供，不仅要准确无误，而且要及时，否则会影响设计、施工的进度。我经常深入科室与大家共同研讨设计方案，出主意、想办法，亦提醒大家，不能辜负群众对我们的期望，要抓紧时间，用事实证明你的设想正确与否，不要犹犹豫豫，浪费时间。终于，我们用不到一年的时间完成了全部设计文件和图纸，并交付制造、安装和施工。1958 年 1 月，中山糖厂、南海糖厂相继建成投产，这是新中国成立后我们自行设计、自行制造、自行安装的大型糖厂，它标志着中国制糖工业的设计和建造进入了一个新的里程碑，在中国制糖设计史上写下了光辉的一页。

随后，广东的阳江糖厂、广西的桂平糖厂（亚硫酸法糖厂）在中山糖厂、南海糖厂的基础上，除了总平面图、甘蔗运输、预处理机械等因地制宜地做了调整、改动之外，主厂房及糖机设备均复用中山糖厂、南海糖厂的设计图纸，大大加快了设计进度。同样，生产规模为 2000 吨/日的广西南宁糖厂和福建漳州糖厂，虽然生产方法为碳酸法，也在中山糖厂、南海糖厂的基础上，稍加更改，复用同一设计。这几间糖厂均能如期投产。

由于工业系统中甘蔗糖厂的效益较高，一间新厂的投资额一般在一个榨季即可全部回收，因此各地有条件的都发展糖厂。根据形势要求，设计院在 1956 年开始做定型设计，并完成 500 吨/日、1000 吨/日和 2000 吨/日三个生产规模糖厂的设计，以便各地通用，使糖业得到更快发展。也由于政策上对农民的鼓励，各地甘蔗产量猛增，个别地方糖厂的原料供过于求，很多糖厂进行了扩建和技术改革，领导鼓励群众发挥创造性，提出合理的建议。各糖厂相互取经，改进设备和工艺操作，因此生产能力大大提高，促进了糖业的迅猛发展。除广东、广西以外，江西、福建、云南多间糖厂均采用设计院的定型设计图纸，建设速度大大加快，多快好省地完成了国家下达的任务。

20 世纪 50 至 60 年代，除了搞好国内糖、酒厂设计项目，设计院还承接援外项目，如越南 VN - 1 宜安糖厂、VN - 2 越池糖厂（350 吨/日），缅甸 BM - 1 米邻糖厂（1000 吨/日），巴基斯坦拉卡纳糖厂（1500 吨/日），非洲马里一厂、二厂（500 吨/日），尼泊尔糖厂等糖、酒厂的设计任务。在援外办和对口糖厂的共同努力下，这些项目均做到了一次投产成功，受到当地政府和人民的欢迎。时任越南政府主席胡志明给援越人员颁发了胡志明勋章。

作为一名化工专业毕业的大学生，我热爱自己的专业。经过革命的锻炼和考验，我的革命意志更加坚定，也决定在制糖设计领域发挥自己的光和热。20 世纪 60 年代中期，领导曾打算调我到某人造纤维工厂当厂长，征求我的意见，我表示自己是一名工程技术人员，一心只想做好本职工作，当厂长不是我的专长。就这样，我专心致志地在糖业领域继续拼搏。除了面对繁忙和紧张的设计任务，我还想方设法改革糖厂的工艺和设备，改善工人的生产操作条件，减轻工人的劳动强度，等等。例如，我从国内外有关杂志中看到真空吸滤机的资料后，就和设备组的何文谦工程师等一起下厂，用原有的一台铜网式真空吸滤机做试验，试用后发现滤汁不清，即使加助滤剂也不见效。之后，我们共同研究将铜网改为滤布，做成环带状。经反复试验，滤汁变清了，滤布也能洗涤，缝布接口逐步得以改善。用真空吸滤机取代糖厂原有的笨重的板框式压滤机，大大减轻了工人的劳动强度，改善了车间环境。原来澄清用的是间歇式中和桶，后改为多喷咀立式硫熏中和器，其间我和设备组的同志多次下厂试制，不断摸索改进喷咀的数量和喷咀的尺寸，最终取得成功，不仅提高了糖汁澄清效果，还大大节省了设备在车间的占地面积。在立式硫熏中和器试制成功的基础上，我们又研发设计了蒸发、煮糖用的水喷射冷凝器，它体积小、占地少，且能减少蒸发和煮糖过程中真空的干扰和波动。白砂糖滚筒式（带冷热风装置）干燥机由抄板改为拖板的方式，都经过了不断试验、不断改进，最后采用震动式干燥机，设备更简单，便于制造、运输。为提高糖浆的质量，我们试制了曲筛，以清除泡沫和杂质，经过较长时间的生产试验，取得了一定的效果。这一项项设备，经鉴定均获得轻工业部或广东省的科技进步奖。在甘蔗预处理和压榨提汁方面，厂内的甘蔗起卸、输送、破碎、入料以及压榨机的结构等各项设计都有了不少的改进，压榨机的设计规格从新中国成立初期最大 1000 吨/日提高到 6000 吨/日；在设备改进和操作技术提高后，压榨收回率也从新中国成立初期的 92% 提高到 20 世纪 80 年代的 97%。

20 世纪 70 年代初期新建的国营平沙农场生产规模为 2000 吨/日的糖厂中大部分采用了以上经试验成功的新工艺、新设备，取得了投资省、收效快、一次投产成功的成果，该项目被评为国家优秀设计奖。

在市头糖厂连续两个停榨期进行的"石灰回溶炭（碳）酸法制糖"科研项目中，全体设计组人员与厂方经过共同努力，取得了可喜的成果。该项目通过鉴定获得广东省和轻工业部的科技进步奖，并取得了专利。

1987 年，我被提升为设计院副院长兼总工程师，并获得了教授级高级工程师职称。

自 1976 年至 1992 年，我担任广东省第四、第五、第六届政协委员。

20 世纪 80 年代以后，设计院除承接糖、酒厂项目设计以外，还承担其他轻工行业的设计任务，如广州珠江啤酒厂的项目设计。该项目投资大，需要引进国外技术，轻工业部指派我担任考察组组长，经出国考察反复调查研究后，确定引进法国、比利时的工艺技术及设备。回国后，我较好地组织力量完成了珠江啤酒厂的设计任务，珠江啤酒厂投产顺利，创造了很好的效益。该项目设计获得轻工业部的优秀设计奖。

广东东莞糖厂利用废糖蜜为原料生产高活性干酵母的项目，符合糖厂综合利用、变废为宝的政策，大大地提高了工厂的经济效益，我与厂方的领导和工程技术人员同赴丹麦进行考察，引进新的工艺技术和设备，而配套工程如厂房、公共设施则由我方设计院设计。由于因地制宜，原料和水电成本低，因此投产后取得较好的收益，获得厂方的好评。

1989 年我被国家建设部评为中国工程设计大师，享受国务院政府特殊津贴待遇。1993 年我正式离休。

回顾我的一生，作为一名马来西亚归国华侨，我能够取得这些成就，主要归功于中国共产党的领导，以及战友和同志们对我的帮助和支持，其次就是家人尤其是我的妻子的照顾和关心。

1955年我结婚了，我的爱人郁善藻是上海人，比我小12岁，毕业于南京工学院制糖专修科，毕业后被分配到设计院工作。由于我俩是同行，在工作和生活中，她成了我的贤内助。婚后不久她得了肺结核，半休了3个月。我的胃不好，于是便请了保姆。后来她的肺病差不多好时，我们的大女儿苏虹出生了。1961年我们的儿子苏星出生，1966年我们的小女儿郁卫红出生。三个儿女相继出生，幸好他们出生时间间隔四五年，这对我爱人的身体影响不是很大。但是"大跃进"年代我们的工作很忙，经常要加班加点，还要出差，十分辛苦。为了照顾好孩子，我们不得不请保姆在家中帮忙。我们待保姆似亲人，她待我们也很好，我们相处融洽。这位保姆跟了我们整整16年，从我儿子1岁到他17岁上大学，她帮了我们很大的忙。

我的孩子由于"文化大革命"的影响上不了学，英语也没有学多少，但他们努力追求上进。1977年高考恢复后，苏虹在农场克服困难，刻苦用功备考，考上了广州化工中等专业学校，后来当上了轻工业部广州设计院的工程师。苏星在中学时参加化学比赛拿了一等奖，1978 年考上浙江大学攻读石油化工专业，大学毕业后进入广东省石油化工设计院当工程师。小女儿也从暨南大学毕业。孩子们个个学有所成，对父母来说是一种很大的安慰。现在我的孙辈也个个读到了大学毕业，有的还拿到了硕士学位，希望他们一个个成为有用之才，为社会多做贡献。

创造"微差速检测装置"

利 民

1970 年春，广东省甘蔗糖业科学研究所开展离心分离清净糖汁的研究工作，以取代糖厂生产过程中的庞然大物——沉淀池和压滤机群。由此，"蔗汁澄清离心分离的研究"专题组成立，我是专题组负责人，主持"ϕ250 螺旋卸料澄清离心机"的设计工作，并和组内的同事一起在所内机械工场自行完成加工和安装任务，并进行初步运行试验和调试工作。

1971 年 1 月，我所自行设计、加工的"ϕ250 螺旋卸料澄清离心机"，在广东省轻工业厅统筹下到湛江地区的东方红糖厂（亚硫酸法糖厂）进行生产试验，处理该厂的中和加热汁，去除泥渣，获取澄清汁。

离心机是利用离心力进行固液分离的设备。ϕ250 螺旋卸料澄清离心机是由转鼓与螺旋组成的连续离心机，采用皮带传动，要求保持转鼓与螺旋的差速从而连续除泥渣并获取澄清汁。试验效果令人兴奋，可连续排泥渣。然而，出汁清净度逐步提高之后却出现了无泥渣排出、出汁变浊的情况，试验工作无法继续进行。大家很心急、很无奈，是转速（离心力）大小问题，还是差速大小问题？无差速就不能排泥渣，差速过大会导致出汁不清。要求差速比较小，一般仅为千分之几。当时市售的转速测量表误差值较大，无法获得两个转动部件的精确转速，无法确定差速。

当时我作为专题组负责人，十分心急。但我不能知难而退，要积极想办法。经过不断思考，我提出并创制了"微差速检测装置"。该检测装置为机械式光电显示模式，投入生产试验应用，效果很好，转速一两千转以上，只要有微小的差速，都能精确无误地测量出来。"微差速检测装置"的创制攻克了当时生产试验上存在的技术难关，使得整个试验工作能继续进行，大家都很高兴。当时在场的制糖室主任黄廉章把此事记在心里，回广州后他查阅了国内外大量相关资料和专利文献。在所内一次室务大会上，他提出"微差速检测装置"是我所独创的，国内外的技术专利、文献资料均未见报道，可以申请技术专利，并给予我高度评价。

　　其实，螺旋卸料澄清离心机"微差速检测装置"是相对论在机械运动中实际应用的先例，意义非凡。黄廉章主任对"微差速检测装置"的评价和赞赏，足见其学识渊博、洞察力强，对新生事物触觉敏锐。黄廉章主任德高望重、为人正直、不为名利、务实奉献，为我国制糖事业的发展和科技创新鞠躬尽瘁、奋斗终生，值得我们永远怀念。

大型糖厂压榨机列的设计经历[①]

詹益江[②]

一、初出茅庐而承担大任

我在 1949 年 12 月 1 日进入顺德糖厂当练习生，参加轮班生产，这是我就业初期的学习阶段。因为我在学校没读制糖专业，对于制糖业是门外汉，故入厂后除阅读一些制糖书籍外，主要是熟悉车间的生产流程，了解甘蔗经破碎、提汁和蔗汁的澄清、结晶等过程，以及生产设备的构造等，从而获得一些制糖基础知识。同时我还运用自己的制图专长，协助绘制一些易损零件发外加工的图纸。

新中国成立初的三年经济恢复时期，广东省人民政

① 标题是编者按原文主要内容拟定的。本文是詹益江于 2017 年撰写的《回忆录》中"工作历程"部分内容的原文照录，特此说明。
② 詹益江是开创国产化大型甘蔗糖厂压榨机列的设计师。

府根据本省自然条件，决定优先发展糖业，并于1951年筹建修复被日寇炸毁的市头糖厂、揭阳糖厂。市头糖厂由于新中国成立前旧政府已从台湾搬迁来一些设备和厂房的钢结构，不用特别设计。而揭阳糖厂的设备则被严重破坏，且因管理不善，所有能搬得动的零部件均被偷卖，只剩下外壳和底座。例如甘蔗压榨机列，只剩下机架及底座，榨辊、油压及中间蔗带和复榨机等必须重新制造。

当时领导便将制糖设备最复杂的压榨机列的设计工作交由我负责。起初我不敢接受，后经领导说服，并在军事代表叶泽权同志在动员大会上号召和鼓励大家要以"少校当军长"的精神勇于承担任务之后，我才消除顾虑，把任务接下来，并把它当作学习的机会。

此项压榨机列的设计、绘图工作，在理论基础不足和缺乏参考图纸的情况下，只有仿造不同规格和不同结构的顺德糖厂压榨机实物，零件计算则参考清华大学刘湘洲教授编著的《经验设计》和苏联的《机械零件》（中译本）等著作中介绍的公式。经过一番努力，我终于在紧迫的时间内完成国内第一套大型的甘蔗压榨机列的制造图纸。

二、完成国内甘蔗压榨机列的第一份设计计算书

过去国内的大专院校开设制糖专业的不多，课本上很难找到有关甘蔗压榨机设计的材料强度计算的资料。

在1955年第一次设计中山糖厂、南海糖厂（2000吨/日）项目的时候，轻工业部曾指示广州设计院编制完整正规的设计文件，其中包括工艺、设备、动力、土建结构等专业的设计计算书。当时的公司技术负责人区寿康总工程师为了贯彻轻工业部的指示，安排具体设计人员编写各自承担的设备的设计计算书。因此，压榨机的设计计算书的编写任务落在本人肩上。

我是中专电机科毕业生，在校时不但没有接触过糖机课程，就连普通机械设计和材料力学也没有学过。我只好硬着头皮加紧学习苏联的《机械零件》（中译版）和《材料力学》，并广泛收集资料。后来我找到了台北糖业公司出版的《台糖通讯》杂志，里面有一篇捷克一名叫伦基的工程师对压榨机三个辊子的消耗动力及力向进行分析的译文，以此为基础而算出各零部件的受

力，进行材料强度计算。但对于在几百吨油压作用下钢轴的弯曲应力计算问题就难以解决。后来经过到处搜索与查询，我终于在书店找到一本美国铁摩辛柯编著的《材料力学》（中译版），其中有复合材料梁的计算论述，我将其应用到轧辊铸铁外套上断面系数计入钢轴作用的计算，才解决了问题。

我是一个比较低调的人，虽然做出国内第一份压榨机的设计计算书，也不彰显，因此有些不了解情况的同事还以为这份计算书是钟明鲁机械总工程师所作，这是一个误会。其实钟明鲁一直认为我们搞糖机设计的时间尚短，经验不足，若留下不成熟的设备设计计算书，恐贻误后人，因此他甚为反对，也从未写过压榨机的设计计算书。

我写的这份计算书，除编入中山糖厂、南海糖厂的技术设计文件外，有些院校也将其作为编写教材的参考。

三、其他一些设计上的贡献

本人是第一个绘制了揭阳糖厂、紫坭糖厂的生产流程图的人，当时设计深度不够，没有设计管路施工图，安装师傅便按流程图所标的物料流程、管径和阀门型式进行现场选配安装。

1954年轻工业部广州糖酒工业设计工程公司（包括设计室和安装队）成立，我任压榨设计组组长，当年完成贵县糖厂（1500吨/日）新型结构的压榨机的设计、绘图工作。1956年设计室和安装队分开。设计室扩大为轻工业部广州设计院，机构调整后压榨设计组改为设备室属下的原料处理组，承担包括糖厂压榨车间设备、厂内运搬设备及酒精厂设备的设计工作。因而当年在陈权盛工程师的指导下，我们完成了我院第一批酒精蒸馏塔的设备设计，用于宝鸡酒精厂。

糖厂的物料搬运在新中国成立前及新中国成立初期大部分用人力。例如原料甘蔗从码头吊至卡车之后由工人沿铁轨推入车间；成品糖包出仓装船和蔗渣包的叠堆均为人工操作。1973年我们设计平沙农场糖厂时，厂内的四条物料运输线均由本人改为机械化、连续化的设计，大大节省了劳动力。码头采用双梁式起重机，直接把甘蔗吊至原料处理间的卸蔗台卸入输蔗带；成品糖包的出仓则用胶带输送机直接送到河边装船；至于蔗渣包的叠堆，过去由人力托上几十米高的堆顶，后由我们创新研发设计出自动蔗渣包夹，由塔吊完成高位叠堆任务；锅炉间的燃煤也用抓斗起重机吊卸至堆放场，然后经筛选、破碎后由胶带送至锅炉顶。

还有一些特殊的设计，如肇庆广利糖厂和广西迁江糖厂的码头甘蔗起卸方案。广利糖厂旁边的西江，冬天和雨季的河面水位涨退相差 10 多米，迁江糖厂旁边的红水河冬夏河面水位起落更是相差 30 多米，所以它们的码头甘蔗的起卸不能照搬珠江三角洲糖厂的方案，只有采用趸船载上旋转起重机，随水位高低而将甘蔗吊至卡车后用缆车拉上岸。

以上所列项目，不论是改进还是创新，我们均未将它们作为科研试验来申请鉴定评奖。

自 1954 年设计室成立时担任压榨设计组组长开始，至 1984 年卸任，我共计担任压榨设计组组长 30 年。在这 30 年中，实际上我领导了两个组：一个是"文革"前的压榨组；一个是"文革"后的设备组。"文革"前的压榨组成员在"文革"后的机构改革中，除我之外全部分给轻工业部广州轻工机械设计研究所。事后由于某些原因，轻工业部广州设计院另行设立设备设计组，仍由我担任组长。30 年间我经手设计了 500 吨/日、1000 吨/日和 2000 吨/日三个规格的甘蔗压榨机的定型设计。1979 年我作为我国赴泰糖业考察组成员之一，参观、学习了澳大利亚式压榨机列；回国后设计了新型压榨机列，并在揭西糖厂进行试验；取得一定成功之后，1985 年结合中山糖厂6000 吨/日的扩建工程进行"QA2000 - I 型机列"的生产性试验，获得了成功。这是当时我国最大型的压榨机列。后来广西桂平糖厂扩建为 10000 吨/日的压榨机设计也套用"QA2000 - I 型机列"的设计。当时我已退休，但承担设计任务的轻工业部广州轻工机械设计研究所仍请我主持、指导设计工作。

由于以前轻工业部部属八个设计院，只有轻工业部广州设计院负责全国糖厂（包括甘蔗糖厂和甜菜糖厂）的设计任务，因此全国各省及援外的糖厂的压榨机都采用我组设计的图纸。国内部分接受定制的重型机械厂、矿山机械厂和部分轻机厂，也将我组设计的压榨机列为该厂的产品。

2017 年春季于广州

情系蔗糖业 默默耕耘

——记百岁"糖人"陈世治

蓝艳华

一、前言

时年 43 岁的陈世治工程师主持"抽吸型管道中和器"研究项目，经过 4 年的奋战，不断攻克难关，1964年该项目荣获国家级"新产品二等奖"，为蔗糖界首个获国家级奖的项目，并首次获颁发奖金。陈世治把分配给他的奖金无偿捐献给轻工业部甘蔗糖业科学研究所建设篮球场，为职工提供活动场所。当看到大家在篮球场进行活动时，他倍感温暖和欣慰。

2011 年，在中国糖业协会组织召开的"2011 中国糖业科技与发展高峰论坛"上，时年 90 岁的陈世治荣获大会所设的唯一的"特别贡献奖"。

2012 年广东省档案馆启动"广东糖业口述历史"

项目，旨在通过一批"老糖人"之口，记录广东糖业曾经的辉煌。陈世治等 5 位老同志受邀参加录制"广东糖业口述历史"节目，从不同的视角叙述广东省糖业发展的沿革、成绩和经验，记录和传承优秀的文化遗产。

2014 年，广东省人民政府举办"广东十大最美家庭"评选活动，通过全省海选，陈世治家庭入选并被授予"广东十大最美家庭"称号。在大型颁奖会上，陈世治和保国裕伉俪从时任广东省委副书记马兴瑞手里接过颁发的奖杯。

2021 年 7 月 30 日，广东省糖业协会、广东省制糖学会、广东省科学院生物与医学工程研究所的领导们亲自登门，隆重地给陈世治送上牌匾——祝贺陈老百岁生日。同年 12 月，陈世治受邀参加《糖史》（中国糖业协会组织编撰的《中国糖史》）突出贡献人物专访视频拍摄。采访中，陈世治百感交集，除了发自肺腑地感谢糖业同仁的厚爱外，还总结了自己从小受家庭、学校、友人等多方面爱国进步思想的影响，尤其是新中国成立后在党的社会主义爱国爱民的思想教育下，走上了一条爱国、向善、敬业的道路，才有今天的"寿、康、宁"。如今陈世治仍在坚持进行脑力和体力活动，担任《甘蔗糖业》的英文外审专家，为糖史的编撰工作贡献自己的力量。

2011 年，陈世治在中国糖业科技与发展高峰论坛上

获"特别贡献奖"（左 2 为陈世治）

2014 年，陈世治家庭获"广东十大最美家庭"称号

（右 1 为陈世治）

2021 年 7 月，陈世治获赠百岁贺匾

（右 2 为陈世治）

二、生平简介

陈世治，1921 年 7 月 30 日生，1946 年毕业于中山大学化工系。最初在广西制药厂工作，后在香港华懋公司任西药部主任。1951 年响应国家号召回广州参加工作，曾在东莞糖厂、广东糖业公司从事生产技术及科研工作。1956 年参与筹建轻工业部甘蔗制糖科学研究所。1957 年起在该所工作至退休。历任该所设备研究室主任、制糖研究室主任。1984 年晋升为教授级高级工程师。陈世治除了是该所科研带头人外，还担任过轻工业部制糖工业科学技术专业组成员、国家教育委员会教材编委、华南理工大学博士研究生评议委员，曾担任联合国援建"中国制糖研究中心"项目副主任、广东省制糖学会名誉理事。提起他的名字，糖业界技术人员几乎没有不知道的。新中国成立后，在制糖技术上，广东有三项突出的成就：①五一煮糖法；②抽吸型卧式管道中和器；③甘蔗渗出法。这些都是由陈世治主持完成的科研工作及成果，这些成果在生产实际中被广泛应用，产生了较大的经济与社会效益。陈世治从事甘蔗制糖科研工作 30 多年，对我国蔗糖业的发展做出了巨大贡献。

陈世治在化学工程方面也有较深的造诣。早在抗日战争时期，他便考入云南澄江的中山大学机械系，又因躲避日寇而在香港岭南大学化学系借读。香港沦陷后他前往重庆，在重庆大学化工系借读，抗战胜利后才回到广州中山大学，读书至毕业，他的大学读了长达 7 年之久。颠沛流离的求学生活，在他的心灵上留下了深刻的烙印，中国必须强大才能不受外国强盗的欺侮，中国人民才能过上幸福的生活。这种观念主导着他，在新中国成立后，他放弃了在香港的高薪优越职位而投身于内地的制糖事业。那时他刚毕业不久，通过录取率极低的考试（超过 100 人报名参加，只录取 2 人），进入当时香港较大企业之一的华懋公司，因表现突出，很快就被提升为西药部主任，工资比一般文职人员高 3 倍多（相当于当时香港小学教师收入的 7 倍）。但他不满足于个人的安逸，报效国家、建设强大的新中国才是他心底的追求。所以，新中国成立后，他推却了老板的高薪挽留，毅然回到广东，于 1951 年进入广东制糖工业公司，开始他的糖业技术研究之路。受他的爱国行动影响，华懋公司中有 5 人跟随他陆续返回内地工作。

三、主要成就

（一）孜孜不倦研发项目，成果历经生产考验

1. 五一煮糖法（用仪表规范晶种数目的操作法）

1951 年陈世治尚在东莞糖厂当技术员，鉴于凭经验煮糖操作十分滞后，陈世治与同事一起研究科学的煮糖方法，运用温度计和真空度来控制糖液的过饱和度，使投入的糖粉养成晶体生长，成功用于投粉起晶，并能用仪器准确控制，避免靠刺激起晶，凭经验操作，同时节约了时间及蒸汽。因为试验当天为五一劳动节，所以把投粉起晶操作的煮糖方法命名为"五一煮糖法"。之后陈世治从公司调入研究所工作，仍致力于这个课题研究。该项目由广东糖业公司、轻工业部甘蔗糖业科学研究所和东莞糖厂等单位共同立项，陈世治任项目组长。1952 年研制成功的以全晶核起晶为主要特点的"五一煮糖法"，结束了全凭感观经验进行起晶的落后状况。

1954—1955 年榨季开现场会推广"五一煮糖法"。

1955 年，在全国第一次糖业技术交流会上，陈世治介绍了此项技术成果并宣读了论文。之后，"五一煮糖法"迅速在全国各大、中型糖厂中得到推广应用。直到如今，多年实践证明，此项技术成果对煮炼作业计划生产、降低废蜜糖分的损失、提高煮糖工序的生产能力均起到了重要的作用。陈世治由于工作成绩突出，于1955—1956 年榨季被评为广东糖业公司先进工作者。1956 年食品工业部公布"五一煮糖法"为部先进操作法，并在全国推广，陈世治被评为食品工业部先进工作者。

2. 抽吸型卧式管道中和器

传统硫熏中和一直用硫熏炉塔吸收二氧化硫，然后在中和箱内加石灰，或者在中和箱内硫熏（吸收二氧化碳）和加石灰一齐进行。这种操作方法的二氧化硫吸收率低、pH 值波动大，硫气会污染车间，影响工人的健康。陈世治承担和主持了"抽吸型卧式管道中和器取代传统硫熏中和设备"的课题，该课题被列为国家十年重点科研项目。1962—1963 年榨季进行生产试验，广东南海糖厂（2000 吨/日）采用抽吸型卧式管道中和器取代传统硫熏中和设备取得了成功。

抽吸型卧式管道中和器于 1964 年获国家计划委员会、经济委员会、科学技术委员会联合颁发的工业新产品二等奖。此设备在全国 300 多间糖厂得到广泛普及应用。1964—1965 年榨季开始，陈世治又在鱼窝头糖厂应用糖浆硫熏器代替原有的塔式糖浆硫熏器，后者硫气吸收率仅为 80%～85%，而管道硫熏器硫气吸收率可达 99.8% 以上，硫气吸收率提高，起到节省硫磺和保护环境的作用。虽然后来塔式糖浆硫熏器改为立式以节省空间，但该设备的优点与抽吸型管道蔗汁中和器大致相同。50 多年来，国内甘蔗制糖厂一直沿用这种抽吸型管道中和器及糖浆硫熏器，其至今仍是蔗汁硫熏中和工艺及糖浆硫熏工艺的主流应用设备。鉴于陈世治科研成绩突出，其在 1963 年被评为广东省轻工业厅直属机关先进工作者，1964 年被评为轻工业部甘蔗糖业科学研究所先进工作者，1966 年被广东省科学技术委员会、广州市科学技术委员会联合表彰为优秀科技工作者。

卧式管道中和器获国家"三委"颁发工业新产品二等奖

3. 致力于提高提汁效率、节省投资的新设备研发工作

有志气、有能力的科技工作者的足迹就是不断创新、攀登和进取。陈世治就是这样一位强者,科研项目一个接一个。1959 年起,陈世治开始进行甘蔗渗出法的研究,他先在所内进行中试试验,后在肇庆建成我国

第一间使用甘蔗连续渗出法榨糖的糖厂。经 1965—1966 年榨季生产试验，该项试验达到设计预期指标，通过了轻工业部组织的现场鉴定。后在此研究基础上，他在全国（主要在广西）继续进行多种方法研究，先后建成一批使用甘蔗连续渗出法榨糖的糖厂。由于节省了投资，且见效快，这个方法在当时很有现实意义。

20 世纪 70 年代初期，陈世治又主持了甘蔗提汁新技术、新工艺——甘蔗磨压法的理论与实践研究。在 200 吨/日磨压法通过专题鉴定后，他又提出了甘蔗予高度破碎再经多级轻磨压、洗析提汁的技术路线。近年来，压榨提汁推广应用的饱和渗透提汁技术，也是在这种洗析提汁的技术路线启发下开展的，从而促进了压榨提汁技术的提高。

陈世治撰写的科研论文《甘蔗渗出法的回顾与前瞻》《自主创新开发我国高收回 低投资 低能耗的提汁技术》发表后，引起了北京中兴能源公司的注意，该公司聘请他当顾问，开展中试试验，后因该公司能源开发方向改变而暂停试验。

（二）技术与经济的关系：高生产技术改造与经济效益合理平衡的见解

20 世纪 60 年代前后，糖厂开展劳动竞赛，提高了职工劳动生产的积极性。在这期间，因蔗价与糖价差值较大，糖厂利润较高，并未重视技术与经济的关系问题。当时糖厂较多地追求技术方面的高指标，较少考虑能耗和更合理的经济效益，即"高糖高榨"的技术经济策略。如压榨车间没有考虑甘蔗含糖分高低时段合理分配榨蔗量，而盲目追求日榨蔗量和高抽出率，如糖分抽出率已达到 97% 后，还要追求 98%；有些厂甚至采取增加压榨机数目、提高压榨机压力和增加渗透水、减少日榨量等措施，不惜增加投资、能耗，以为这样可以提高压榨糖分收回率，以致蔗渣压得过碎，造成造纸原料用量及碱耗均增加等问题。

20 世纪 70 年代改革开放初期，陈世治接待过一些外国技术人员，他们多重视经济成本，这启发了陈世治。陈世治认为应从现实出发，走更合理的技术与经济相结合的路线，并向有关部门反映。1979 年，由轻工业部制糖处张万福处长主持召开了"蔗糖生产技术会议"，参加者多为糖厂厂长和技术人员。在会上，陈世治就技术与经济的关系进行了专题讲解，发表了他的观点，并重点提出以下几方面考虑。

（1）高糖高榨，即糖厂该榨季甘蔗原料能提供的量大致已定，如果糖厂为了追求糖分抽出率而降低日榨量，在中期蔗含糖分高时未能保持高榨量，那么全榨季得糖率必然降低，得不偿失。

（2）过分提高榨辊压力，导致蔗渣过碎，失去作为造纸原料应有质量的经济损失。

（3）增加渗浸水来提高抽出率与增加蒸发能耗的比较。

（4）二次硫熏糖浆 pH 值过低，追求色值致糖分转化的损失关系。

上述有关技术与经济平衡问题，会前已引起相关管理领导和技术人员的注意，而在会议上提出，更能引起重视，某些较重大课题被列入"六五"科研规划重大项目中作为科研攻关。

（三）打通国内外制糖技术合作渠道

改革开放前，我国蔗糖业忙于新建、扩建糖厂，以满足国内人民对食糖的需要及增加国家、地方财政收入，除有少数懂外语的技术人员通过一些翻译的外文刊物略知国外技术外，其他技术人员极少与国外直接交流。因此改革开放前的二三十年，我国蔗糖业多沿用20世纪40年代的传统技术，有些与生产发展形势不太适应。

1979年，偶有外商如英、美国家的公司来广州推销制糖助剂，陈世治因英文达到"四会"水平而成为接待外宾的主要翻译，向他们推销产品。同时他还向这些来华商人、技术人员介绍有关我国制糖的技术和综合利用水平，给他们留下了"中国制糖水平也相当好"的印象。

1982年开始，陈世治担任联合国援建的"中国制糖研究中心"项目副主任职务。几年间，项目组通过邀请国外10多位专家来讲学、引进新型仪器设备、选送技术骨干参加培训等，促进了甘蔗制糖科技人员素质的提高。1983年，陈世治在广州主持召开为期1个月的中美甘蔗制糖技术交流会，国内有300多名技术人员参加。在"六五"规划期间，他还指导了一批国家重点攻关项目，如"蔗汁上浮澄清""糖厂节能技术"

"双辊喂料压榨机列""酒精废液处理"等，这些成果不但得到国内有关部门的好评，联合国工业发展组织也给予赞扬，从而再批给第二期的经济援助项目。

1988年3月，受联合国开发计划署委托，陈世治在研究所举办"亚太地区制糖专家协商会"，这是研究所首次组织的国际会议，会议获得圆满成功。

联合国工业发展组织在轻工业部甘蔗糖业科学研究所
举办"亚太地区制糖专家协商会"的合照

1988年9月，应联合国工业发展组织邀请，陈世治代表中国出席了联合国工业发展组织在古巴召开的

"第一届甘蔗制糖工业专家协商会",这是中国蔗糖界首次派员参加国际会议。会上,他发表了题为"中国甘蔗糖业与综合利用"的演讲。此外,应会议主席要求,次日,他还介绍了我国小糖机的改造经验,引起了非洲、拉丁美洲代表的兴趣,他们表示要来中国学习。会后,联合国工业发展组织计划处处长批准拨10万美元供非洲、拉丁美洲国家学习和改造小糖机。

退休前后受糖厂或国际友人邀请,陈世治参加过如下活动。

(1)1982年,接受联合国工业发展组织安排,赴美国考察三所大学、两间研究所及五间糖厂。

(2)1989年2月,受珠江糖厂厂长的邀请,担任该厂的顾问与翻译,赴西德考察"中密度人造板"。

(3)1989年11月,受中山糖厂与广东省糖纸工业公司的邀请,赴西德考察该国糖厂企业管理,包括新技术、新设备及综合利用等。

(4)1994年,受英国F&S糖业公司的邀请,赴其在英国伦敦的公司总部及其属下在苏格兰的试验基地考察"连续煮糖罐"在中试中的新设备。

(5)1996年,受美国Patout糖厂的邀请,考察该厂参与研发的"超过滤"清净蔗汁设备。

（6）2004 年，受云南昆明轻机厂的邀请，与南非渗出法专家洽谈引进轻型化的环型渗出器设备。

此外，广西制糖公司邀请他去巴西当技术顾问，联合国邀请他去非洲当一年技术顾问，虽不用所里出资，却因种种原因搁置未成行。

（四）情系蔗糖，退而未休

陈世治虽然于 1984 年退休，但除参加上述外事活动外，还为"六五"攻关制糖科研项目如"气浮法清净蔗汁""糖厂节能技术"项目出点子。他还到湛江特种酒精厂协助研究"烟道气浓缩酒精废液"项目中的粘壁等问题。

此外，北京中兴能源公司聘请他担任"甜高粱制酒精"项目顾问，2007 年和 2008 年他先后两次与朱绍熹经理及梅山糖厂总工程师李禧到北京开论证会和到内蒙古试验厂指导提汁。

除了从事科研工作外，他还参加广东省制糖学会自2003 年至 2008 年每一期论文集的出版工作，包括精选国外先进技术论文、提供精选文章、参加翻译及校对工作。学会举办过多期高级技师进修班，他负责编写讲义、讲课，与学员面对面交流技术问题，获得好评。

70 年来，陈世治默默耕耘、上善若水，他的敬业精神深受与他一同工作的制糖室全体同志及后辈的爱戴，制糖室同仁自发在 2001 年、2011 年陈世治 80 岁、90 岁生日时，为他举行隆重的贺寿宴。

陈世治被聘为轻工业部制糖工业科学技术专业组成员

《中国糖业》封面人物——百岁"糖人"陈世治

创建糖业公司实验室，为糖业国产化提供技术依据

保国裕

一、自述

1954 年紫坭糖厂榨季结束，我被调到广东糖业公司技术室。当时在技术室工作的大多是资深的制糖专家，还有几个刚从大学毕业分配来的年轻人。当时引进由波兰设计和提供主要设备的江门甘化厂、由捷克提供主要制糖设备的广州华侨糖厂，需要准确的勘察数据，如煤的质量（热值，C、H、O 有机元素，灰分等），以及石灰石、水悬浮物等质量数据作为设计依据。新中国成立后公司购买的一些进口仪器一直无人管，导致仪器利用率极低。因为我在糖厂化验室工作过，所以公司分配给我的任务就是单独一人在沙面公司地下一条走廊建实验室，并分管以上两项工作。幸而我有在大学和两间糖厂工作的经历，具有扎实的基本功，因而能完成任

务。走廊实验室也为计划中的国产化大型糖厂的设计提供了部分所需的勘察数据。1956 年，我被破格提升为工程师。不久公司成立制糖技术研究室，我是公司唯一被调去搞研究工作的人。

二、个人简介

保国裕，教授级高级工程师，原轻工业部甘蔗糖业科学研究所副所长，女，回族，1930 年生，广州市人。1948 年培道女中高中毕业。1952 年中山大学农业化学系生物化学专业毕业。曾在东莞糖厂、紫坭糖厂、广东糖业公司从事生产技术工作。1956 年晋升为工程师，调至轻工业部甘蔗糖业科学研究所工作。60 多年以来一直从事制糖、综合利用、环保及有关技术经济政策研发工作。

曾获多项奖励：

（1）参加"国家十二个重要领域技术政策研究"，该项目获国家"三委"科技进步一等奖集体奖。

（2）参加"轻工业资源综合利用及环境保护研究"，获轻工业部科技进步一等奖，为主要获奖人之一。

（3）主持"草鱼糖化蛋白饲料研究"，获国家水产总局颁发技术进步二等奖。

（4）主持"蔗髓糖化饲料研究"，获轻工业部科技进步三等奖。

（5）主持编制"制糖、酒精工业污染物排放标准"，获轻工业部科技进步三等奖。

（6）参加"糖蜜制酒精蒸馏废糟液的治理与利用"研究项目，1987年获轻工业部科技进步三等奖，为主要获奖人之一。

（7）主持"糖蜜发酵法制甘油研究"，1987年获广东省生物技术专项奖。

（8）主持"废糖蜜生产兰姆酒（RUM）"，获广东省科学大会优秀科研项目奖。

（9）主持"广东省配合饲料资源调查研究"，获广东省科技进步奖三等奖。

（10）1981年至1987年任轻工业部甘蔗糖业科学研究所副所长期间，分管科研、教育、环保等工作时，成为工业方面六个国家"六五"攻关项目的科技负责人，组织各课题论证、实施、验收鉴定，按时按质完成，受国家"三委"表彰。蔗糖所获轻工业部颁发"环保先进单位"奖和广东省颁发"再教育先进单位"奖。

（11）1994 年获国务院颁发政府特殊津贴证书，享受国务院政府特殊津贴。多次被评为省直机关、厅、所级的先进工作者。

参加的科研、社会活动：

（1）1980 年入选为广东省第五次妇女代表大会代表。

（2）1982 年入选为中共十二届全国人民代表大会代表。

（3）1984 年受澳大利亚糖业总局邀请，访问参观了澳大利亚 20 个单位，其中，科研单位和大学 8 个、粗糖厂 3 间、炼糖厂 1 间、酒精厂 2 间、散庄糖仓 3 间、管理机构 3 个。会见专家学者 26 人。

（4）1987 年 7 月受广东省科学技术委员会聘请，与省科委主任等 5 人赴加拿大滑铁卢大学验证"蔗渣生物降解制单细胞蛋白技术"及考察 STEAK 公司的粗纤维爆破技术。

（5）1988 年 8 月受邀参加"全球性应用微生物学

第八次国际会议",发表论文《蔗髓糖化蛋白饲料》。

(6) 1988 年 9 月由联合国工业发展组织安排,以顾问的名义在该组织举办的"亚太地区制糖专家协商会"上任执行主席,并在该会议和在古巴召开的"全球第一届甘蔗制糖工业专家协商会"上先后两次宣读论文《中国甘蔗制糖与综合利用》。

(7) 1990 年受联合国工业发展组织邀请参加"亚太地区农产品加工环保会",会上宣读论文《中国蔗糖厂污染治理与综合利用》。

曾受聘过的社会职务:

(1) 广东省科学技术协会委员。

(2) 广州市科学技术委员会技术顾问。

(3) 中国糖业学会第二、第三届副理事长。

(4) 中国食品学会理事。

(5) 连任三届广东省制糖学会副理事长。

(6) 中国轻工环保学会副理事长。

(7) 在国内批准发行的刊物发表论文 60 多篇,曾受聘为"中国对外应用技术交流会"高级技术顾问。

(8) 曾被中国轻工总会推荐为"中国科学院院士候选人"。

（9）中国轻工业部教授级高级工程师评审委员会评委。

记糖史系列图书出版策划人：冯夏同志

利　民

　　冯夏，女，1932 年生，广东省佛山市禅城区人，中共党员，正科级干部，1987 年离休。

　　1945 年至 1949 年 5 月，冯夏就读于南海县立师范学校。1946 年，冯夏在南海县立师范学校就读时认识了唐强老师。唐强是我党在该校的地下中共党员，负责组织发动学生爱国民主运动。冯夏受其影响，思想上追求进步，积极参与爱国民主运动，也走上了革命道路。冯夏于 1948 年参与南海县的地下"学运"活动，担负着马克思列宁著作、进步书刊等的保管传递工作，曾被反动派特务跟踪监视，但她无所畏惧，机智应对。

　　1949 年 5 月，冯夏志愿参军，成为中共领导的粤赣湘边纵队教导营战士。1949 年 10 月广州解放，冯夏被安排到广州市人民政府，成为军事接管小组成员。她在广州市民政局工作，专责审干、"肃反"、反贪污工作，后由民政局局长直接安排工作，负责通信联络、呈市长审批指示、请有关局长会签、向各区区长下达指令等。曾任监察股副股长（科级）。

1952年，冯夏加入中国共产党，立志为中国共产主义事业奋斗终身。同年，冯夏和唐强结婚，二人为我党的革命事业共同努力奋斗。

1954年起冯夏调入蔗糖业系统工作至1980年，26年来在多个部门工作，勇挑重担，克服困难，积极完成各项工作任务。在协助广东省造纸研究所领导负责筹建该所时，想方设法，克服建材缺乏、施工队伍紧缺等困难，促使省造纸所高质量按时建成，受到省造纸所领导和职工的高度赞扬。

1966年"文化大革命"开始后，冯夏受到冲击，但她始终相信党和人民群众。

1981年起冯夏调入广东省农业银行任政工干部，至1987年光荣离休。离休后一直担任离休党支部组织委员，多次获评"优秀共产党员"和"优秀党务工作者"。

离休后，她参加"中山大学老战士合唱团""东江纵队老游击战士合唱团"，合计 21 年，做到老有所为，在合唱团宣传党的优良作风和党的中心任务。

冯夏同志破除旧俗陈念，于 1999 年办理捐献眼角膜有关手续。

2011 年，在中国共产党成立 90 周年之际，她办理了遗体捐献有关手续，要求身后捐献遗体给中山大学中山医学院，为祖国的医学科研和挽救患者生命贡献一份力量，向党的 90 岁生日献礼，实践了共产党员全心全意为人民服务的诺言。

2012 年，80 岁高龄的冯夏开始致力于收集整理革命前辈在革命战争时期、社会主义建设阶段为祖国的解放事业和建设工作奋斗的光辉业绩及革命精神等方面的历史资料，组织编写文稿，配合党的宣传工作，宣传正能量。

由她策划出版的图书有：《唐强纪念文集》、《唐强学运工作史料集编》、《广东抗日游击区解放区军工史料（1937—1949）》（内部史料，打印本）、《国产化大型糖厂诞生记——苏甦糖缘集编》、《蔗糖业的春天——纪念文选集》、《糖业春天颂·收藏证赏析》，以及本书《国产化蔗糖业发展之路——纪念文选集》等。

她撰写的文章有：《东纵老战士的品格——忠诚于研发蔗糖化工与野生纤维的唐强》《东纵创造手榴弹》《唐强在香港时期》《自主创制"东纵手榴弹"——读军工史料有感》《省造纸所的诞生——缅怀梁郁华所长》《铭记蔗糖工业发展的领航者》《牢记和唐强同志艰苦奋斗、无私奉献的科技同仁》等，以及本书中的《广东蔗糖业复苏与发展情况概述》《蔗糖工业自主发展的摇篮》等史料性文章。

冯夏在收集整理有关蔗糖业发展史料、革命前辈战斗历史资料时，认真细致，尽心尽力，反复咨询求证，提供旁证，力求史料真实可靠。如此一来，其工作量是十分大的。

只有初中文化水平，已是八九十岁高龄的冯夏同志能撰写出如此多的史料文章，并策划出版多部图文并茂的好图书，实属难能可贵。如由中山大学出版社出版发行的《蔗糖业的春天：纪念文选集》一书，策划人为冯夏同志。该书已被中国国家图书馆、中共中央党校、北京大学、清华大学等权威部门收藏供众人阅览。冯夏同志一直保持着一颗永远忠于党，不忘初心、牢记使命的壮志雄心，以及立志为中国特色社会主义事业奋斗终身的事业心。

"夕阳无限好，晚霞更灿烂""人生的价值在于不断奉献"，这是共产党员冯夏同志的信念，亦是她的党性和事业心的体现。

现代"伯乐"：区寿康总工程师①

詹益江

区寿康同志是我国糖业界的老前辈，新中国成立前曾负责广西、四川等地多间生产规模为 200 吨/日的糖厂的技术工作和领导工作，新中国成立初期担任顺德糖厂的机械股股长。1951 年，当上级决定由顺德糖厂负责复建揭阳糖厂时，区股长随即陪同军事代表叶泽权同志前往揭阳糖厂考察了解。回来后，区股长需要挑选最复杂的制糖设备——压榨机的设计负责人。在机械股技术人员中，有两位大学本科生和三位大专生，但区股长没有把这项工作交给他们，而是交给我这个学历低且工作才一年多的中专生，这是基于他对我平时工作的了解和信任。我把这项工作任务当作动力，刻苦学习，努力

① 本文摘自詹益江 2017 年 5 月撰写编印的《回忆录》，有改动。

钻研，最终不负使命，在没有参考图纸的情况下完成国内第一套大型甘蔗压榨机列的制造图，经区股长审查后送广东省糖业公司黄振勋总工程师审阅，得到他来信表扬。这套图纸经香港太古集团有限公司制造完成后，于1951年下半年在揭阳糖厂安装试机，顺利投产。我这次有幸能得到学习和表现的机会，要感谢区寿康总工程师这位现代"伯乐"！

赠战友苏甦同志

潘洁清

红星照耀赴征程，　　历雨经风百感生。

新连河畔蹈烽火，①　　出生入死显忠贞。

清廉勤奋建四化，　　糖业史上一功臣。

笑对横流观碧海，　　赏鸥拼搏浪中行。

二〇一五年七月作

---

① "新连河畔蹈烽火"是指新丰、连平、河源三县，是我东江纵队第二支队二团战斗的地方。

苏甦入载
《中国工程建设勘察设计大师名人录》

苏甦，男，1922 年 7 月生，汉族，1946 年 10 月毕业于广西大学化工系，轻工业部广州设计院教授级高级工程师。

苏甦同志自新中国成立以来一直从事轻工业工程设计工作，在制糖工业方面有很深的理论和技术造诣，具有强烈的事业心，几十年勤勤恳恳、兢兢业业从事轻工业制糖行业的设计、科研、基本建设和生产工作。他富有开拓精神，具有丰富的生产实践经验，对技术精益求精，精通英语，在设计工作中善于结合实际，学习、吸收国外先进理论技术。曾主持过几十间国内和援外大、中型糖厂的设计和建设工作。在国内，他主持了我国第一批自行设计、制造和安装的广东中山糖厂、南海糖厂、阳江糖厂和广西、福建、江西、云南等地的大、中型甘蔗糖厂的设计工作；在援外工程中，负责主持了越南越池糖厂、越南宜安糖厂、缅甸米邻糖厂、巴基斯坦拉卡纳糖厂、尼泊尔伯尔干吉糖厂的设计工作。这些糖厂均已建成，并一次投产成功，生产出的产品符合设计要求。他还主持了珠江啤酒厂、江南啤酒厂、郑州啤酒厂等大型啤酒厂和东莞糖厂活性干酵母车间以及沔阳麦芽厂等项目的设计工作。曾作为专家多次被派往国外进行技术考察、设计联络和参加国际工程建设投标活动等，圆满地完成了各项工作任务，为祖国争得了荣誉。

在结合设计项目开展科研工作方面，他的成绩也很突出。早在20世纪50年代就主持研制成功GQ（广轻）型管道中和器、蒸发罐、助晶机等一系列制糖专业设备；80年代主持研制成功喷射硫熏器和石灰回溶碳酸法制糖等设备和新工艺。其中，石灰回溶碳酸法制糖是国家"六五"攻关项目，已通过轻工业部的技术鉴定，于1987年获得轻工业部科技进步奖二等奖，并取得国家专利局实质审查程序通知书，这一科技成果在糖厂得到了推广与应用。

广东平沙农场糖厂外景

广东中山糖厂 6000 吨╱日压榨机列

唐强入载《开国将士风云录》

　　唐强，男，汉族，1921年9月出生，广东佛山人，1941年5月参加革命工作，同年加入中国共产党，离休前任广东省化学纤维研究所所长。

　　主要业绩：1936年9月在佛山市南海县立师范学校读初中。1939年9月在曲江市仲元中学读高中。1941年5月在读高三时加入了中国共产党。毕业后考入国立广西大学（简称"西大"）化学系，在校时做学生运动工作。因入学前党组织要求他学些与武装斗争有关的技术，于是选读了国防化学。当时西大的仪器、药品很充分，他利用多次实习的机会，以改善战区同学生活为名，制造手榴弹、水雷等，在西大内河"炸鱼"，掌握了制造雷汞和各种炸药的方法。1944年11月，党组织安排他参加东江纵队。不久便派他到东江纵队罗浮山司令部属下的爆破兵工厂担任负责人（厂长）和党支部书记。该厂原来只会做土手榴弹（牛奶铁罐装上碎犁头铁和火药、雷管）、地雷、燃烧筒等。他到厂后，解决了雷管的发火点和雷银（代雷汞）的制造问题，成功仿制当时美式短木柄手榴弹（投掷较远），对抗击日、伪、顽起到一定作用。日本投降后，他因突患急性痢疾，不能急行军，没有参加东纵北撤，领导批准他回广西大学继续负责学生运动工作。回西大复学后，为了反对广西政府控制西大，他与几位地下党员组成"秘密领导小组"，发起"返梧运动"（把西大迁返梧州旧址），罢课 8 个多月。罢课失败后，他引起了国民党政府的注意，被列入黑名单，毕业后便离开西大，改名唐永之，在佛山市南海县立师范学校做学生运动工作。半年后他和香港地下党取得联系，到香港汉华中学教书、搞学生运动。1948 年 4 月，他从香港回到粤赣湘边纵队北江第一支队工作直到广州解放。在北江第一支队时，他曾担任北江第一支队军事参谋；北江第一支队革命干部学校教务长，培训了两批接管干部；北江第一支队支前司令部交通科科长，协助解决解放军南下解放广州的路线问题。新中国成立后，曾任东莞糖厂军事代表小组成员，党支部书记兼工会主席，市头糖厂建厂副主任；广东糖纸工业管理局副局长；轻工业部甘蔗糖业科学研究所副所长；广东省化学纤维研究所所长等职。1983年3月离休。唐强同志在战火纷飞和白色恐怖的岁月里，为了民族的独立和人民的解放，为建立新中国，将个人生死置之度外，毅然投身于革命的滚滚洪流中。参加革命后，他严格遵守各项纪律，一切听从领导指挥，服从组织安排，在广东增城、英德等地参加过多次战斗。新中国成立后，为了保卫国家安全和人民幸福，为了祖国的强盛和繁荣，他一如既往地奉献出自己的光和热。唐强同志爱憎分明，廉洁奉公，为人正直，处事公道，一身正气，两袖清风，保持和发扬了党的优良传统，始终善于领会党的各项指示精神，毫不动摇地贯彻执行党的路线方针政策，时刻同党中央保持高度一致，多次受到上级的表扬和奖励。他写过《广西大学学运回忆录》《东纵木柄手榴弹的诞生》《北江第一支队史料》等文章。其事迹曾入载《广东军工史料（1940—1949）》《南北征战（东江纵队史）》《风雨十

七年（西大学运史）》《中国人民解放军粤赣湘边纵
队原北一支队旅穗战友联谊会通讯录》等书籍。

《中共党史人物传》编委会

2007 年 3 月

鲁纳入载《开国将士风云录》

鲁纳，女，汉族，1923 年 11 月出生，浙江宁波人，1940 年 10 月参加革命工作，1941 年 3 月加入中国共产党，离休前曾任轻工业部广州设计院党委书记。

主要业绩：1940 年 10 月，为了民族的独立和人民的解放，鲁纳参加了新四军。从中国人民抗日军政大学第五分校毕业后，她又到华中党校学习理论，迅速成长为一名合格的革命战士。鲁纳到了新四军第四师后，在淮北地区参加革命。1942 年，她响应毛泽东同志关于深入基层调查研究的号召，深入农村，运用阶级分析的方法写了关于农村减租减息后所发生变化的调查报告。党刊《拂晓》首篇刊登了她的文章，同时刊登了党委副书记刘子久的按语，表扬她理论联系实际的思想方法和深入、踏实的工作作风。1943 年，鲁纳在淮南路东地区甘泉县担任区委书记。该区距敌占区很近，敌我斗争尖锐复杂，环境艰苦恶劣，鲁纳置个人生死于度外，坚持斗争。她经常要去甘泉县县委开会，来回近二百里路，途中还要穿越一条日军布防严格的封锁线（天扬公路），她背着驳壳枪，孤身一人，机智冷静，趁黑利用哨兵和巡逻队的间隙，快速穿越封锁线。鲁纳为开辟建立根据地做出了贡献。在战火纷飞的岁月里，为了民族的独立和人民的解放，鲁纳毅然投身于革命的滚滚洪流中，为推翻"三座大山"、建立共和国立下了功劳。新中国成立后，鲁纳长期在工业战线工作，经受了各种考验，一如既往地奉献出自己的光和热。离休前，鲁纳曾任轻工业部广州设计院党委书记。现为中国石油化工上海工程公司集团享受正局级待遇的离休干部。鲁纳爱憎分明，廉洁奉公，一身正气，两袖清风，保持和发扬了党的优良传统，多次受到上级的表扬和奖励。

《中共党史人物传》编委会

中国老年杂志社

2005 年 12 月

专家传略

收录相关糖业人员传略的说明

由广东省制糖学会组织编写、1996 年 6 月出版的《广东省制糖专家传略》第一卷（编委会主任：朱绍熹；主编：钟耀南、黄福五），收集了到 1996 年为止在制糖行业工作满 30 年的会员专家、已退休的知名的糖业专家和已故的有贡献的糖业老前辈等专家的资料。

《广东省制糖专家传略》一书的出版目的是表彰和纪念广东省制糖学会中长时间为广东省制糖工业的建设和发展，在各个岗位辛勤劳动、积极进取、默默奉献的科技、教育和管理工作者，为糖业历史和后人留下一些珍贵的资料。

《国产化蔗糖业发展之路：纪念文选集》收录了《广东省制糖专家传略》中与本书相关的糖业人员的传略，以方便大家参阅。录入对象（专家）仍按姓氏笔画排序。

区寿康传略

区寿康（1912—1989），男，汉族，高级工程师，广东江门市人，中专毕业。退休前任广东省第一轻工业厅援外办公室副主任。

1935年毕业于广州工程学校（夜校）机械系。新中国成立前，先后在四川省资中宝源公司糖业部、广西贵县糖厂、四川资中沱江制糖酒精厂、广西梧州糖厂等担任技术员、股长、工程师、厂长等职。新中国成立后，先后在广东顺德糖厂、广东揭阳糖厂、广东省制糖工业公司、中央轻工业部广州糖酒工业设计工程公司、广东省第一轻工业厅援外办公室任股长、副工程师、工程师、总工程师、副总工程师、副经理、副院长、副主任等职。被选为广东省政治协商委员会第二、第三、第四届委员。曾任广东省标准化协会副理事长，广东省制糖学会常务副理事长和名誉理事长。

主要业绩：

（1）新中国成立初期揭阳糖厂复建时，国家遭到国际封锁，物资供应困难，区寿康积极组织技术人员和群众，抓好设计、制造及安装工作，如期完成任务，及时投产。

（2）在轻工业部广州设计院工作时，他承担国内制糖工业和酒精工业设计任务，团结技术人员和依靠群众，改善设计程序，使新建的紫坭糖厂、扩建的顺德糖厂和建设中的中山糖厂、南海糖厂、阳江糖厂、平南糖厂、桂平糖厂、南宁糖厂等的设计任务能如期完成。由于成绩突出，他在1956年被评为广东省建筑业劳动模范。

（3）在承担援外工作近30年期间，他积极贯彻执行我国援外工作的方针政策，先后圆满地完成了马里、缅甸、几内亚、桑给巴尔、巴基斯坦、马达加斯加、扎伊尔和多哥等国家和地区十间糖厂的援建任务。同时在利比里亚糖厂的续建、马里第一糖厂和桑给巴尔糖厂大修等项目中，能一次试产成功，得到受援国的赞扬，并得到中央轻工业部和广东省有关部门的好评。1962年，他荣获越南民主共和国授予"友谊勋章"。

（4）1978 年任广东省化工学会制糖专业委员会主任，并参与制糖专业的学术活动。1979 年，他团结广东省糖业界同仁组建了广东省制糖学会，并担任学会常务副理事长。他是广东省制糖学会主要创始人之一，40 多年来为我国制糖工业的发展、为援外工作、为学会的创建做出了较大贡献。

毛礼镭传略

毛礼镭，男，1931 年生，江西吉安县人，曾任广东省轻纺工业设计院副院长，高级工程师，总工程师。

社会职务：先后担任广东省政协常务委员、广东省科学技术委员会副主任、广东省人民政府科学技术咨询委员会委员、广东省自然科学基金管理委员会顾问、广东省优秀科技专著出版基金会理事、全国甘蔗糖业学会常务理事兼副秘书长、广东省制糖学会理事、中国食品科学技术学会理事、中国轻工业出版社编写委员。曾受聘担任华南理工大学和无锡轻工学院制糖工程专业博士、硕士学位论文与科研成果评审专家。

1952 年本科毕业于南京工学院制糖专业，被分配到广东制糖工业公司工作，1956 年被提升为工程师，

1961 年调至顺德糖厂，1984 年调至中国轻工业广州设计院。

主要业绩：

（1）1953 年经试验研究，提出糖汁澄清过程中，可根据甘蔗自然磷酸值，确定磷酸需要量及添加的方法的措施，受到同行的重视和推广。

（2）1953 年用理论计算煮糖制度和煮炼物料平衡，该计算方法得到重视和应用，并被编入中专制糖教科书与手册中。

（3）1954 年参与推行糖厂作业计划与调度指示图管理工作。

（4）1954 年参加甘蔗澄清技术条件试验，为糖厂澄清条件的制定提供了依据。

（5）1955 年撰写论文论述煮糖制度制定的依据、条件、原则和方法，该文观点被列入教材。

（6）1964 年在顺德糖厂参与将原台湾产的圆鼓式吸滤机与轻工业部广州轻工机械设计研究所合作改造成环带式真空吸滤机，试产成功。

冯达传略

冯达（1912—1988），男，汉族，生于广西博白县，轻工业部广州设计院总工程师（教授级高级工程师）。曾任中国化工学会广东分会理事，广东省制糖学会理事、名誉理事，全国高等学校制糖专业教材编审委员会委员。

1937 年毕业于国立中山大学化工系。毕业后先后在广西梧州制革厂筹备处、广西南宁制革厂、广西贵县糖厂、贵阳安顺陆军军医学校、四川泸州第二十三兵工厂等单位从事技术工作。抗日战争胜利后，先后在台湾糖业公司、台湾桥仔头糖厂、广东顺德糖厂任工程师兼工务科科长。1949 年起先后在广东顺德糖厂、揭阳糖厂筹备处任工程师兼筹务处副主任。1952 年起先后在广东制糖工业公司、广东省食品工业厅制糖处、广东省轻工业厅糖纸工业局、轻工业部广州设计院历任副主任、主任、副处长、副局长兼总工程师等职。

冯达长期在我国轻工行业从事制糖、制酒、造纸工业的生产、管理、设计、建设工作，具有丰富的理论知识和生产实践经验。在担任广东制糖工业公司、广东省食品工业厅制糖处、广东省轻工业厅糖纸工业局的技术领导工作期间，他参加和主持了广东省制糖工业的生产管理和规划发展，主持制定各种生产和技术的管理制度。在轻工业部广州设计院工作期间，他组织领导了国内和援外数十间大、中型糖厂的新建、改建和扩建工作。同时曾多次参加高等院校制糖专业教材的编审，高等院校副教授、教授的晋升评审，博士、硕士研究生毕业论文答辩的评定工作。冯达重视培训技术力量，他领导培养的技术人员，不少已成长为各单位的领导及技术骨干。

数十年来，冯达为我国制糖工业的发展和设计水平的提高做出了很大的贡献。

李墉传略

李墉，男，汉族，1925年4月生，广东新会人，中共党员。退休前在轻工业部甘蔗糖业科学研究所、全国甘蔗糖业质量监督检测中心任高级工程师、技术顾问，享受教授、研究员待遇。

1942年进入糖业界，先后在广东顺德糖厂、东莞糖厂、轻工业部甘蔗糖业科学研究所从事糖业生产、糖厂化学管理、科研、仪器分析、糖业标准化的技术工作。1959—1978年，先后8次出国援助越南、马里、利比里亚等国建设糖厂，负责制糖工艺、化学管理的生产技术指导和人员培训，担任总化学师、专家组组长等职。

主要业绩：1955年在东莞糖厂推行作业计划，取得了好的成绩，被广东制糖工业公司评为二等先进工作者，出席广东省第一届工矿企业劳动模范先进工作者大会。1964 年获轻工业部出国援外人员乙等奖。曾负责轻工业部甘蔗糖业科学研究所课题"薄膜分离提纯浓缩蔗汁的研究"，取得一定进展，为制糖行业的应用做技术储备。1981 年任轻工业部甘蔗糖业科学研究所检测室主任，负责主持建立 20 世纪 80 年代具有国内外同行业先进水平的全国甘蔗糖业检测中心。主持《白砂糖》国家标准的修订工作，获轻工业部优秀标准三等奖。负责国家"六五"科技攻关项目"制糖工艺计算应用软件的研制"，获轻工业部科技进步三等奖。该项目已在广东多间糖厂推广应用。参与《制糖工业术语》（GB 9289—88）国家标准的制订，1990 年获轻工业部科技进步三等奖。担任轻工业部攻关项目"甘蔗及最终糖蜜成分分析的研究"技术指导工作，该项目获轻工业部科技进步二等奖。50 多年来李埔为制糖工业的技术进步付出了辛勤的劳动，做出了较大的成绩。

主要著作：《反渗透与超过滤应用于制糖生产可能性的商讨》（业内交流文章）、《食糖的质量和标准》《微电脑应用于糖厂化验室分析计算及数据处理》，主编《甘蔗制糖日常分析方法》，主审《制糖工业分析》等。

苏甦传略

苏甦，男，1922 年 7 月生于马来西亚，广东澄海人，汉族，中共党员，离休前在轻工业部广州设计院任总工程师、副院长。教授级高级工程师，全国设计大师，享受国务院政府特殊津贴。曾任广东省第四、第五、第六届政协委员。

1946 年毕业于广西大学化工系。1947 年在香港泰盛染织厂任技师。1948 年参加粤赣湘边纵队北江第二支队二团，任连指导员。新中国成立后接管东莞糖厂，为军事接管小组成员，任行政课课长。1950 年在广东制糖工业公司任业务室主任、基建科科长，负责市头糖厂、揭阳糖厂、紫坭糖厂的复建工作。1956 年轻工业部广州设计院成立，任制糖室主任、总工程师及副院长等职。1993 年离休。

　　主要业绩：1953 年带领设计组进驻紫坭糖厂，顺利完成（紫坭糖厂）迁厂改建及扩建任务，使紫坭糖厂成为珠江三角洲具有较大规模的机制糖厂。1954 年把捷克进口的生产规模为 1000 吨/日的甜菜糖厂从黑龙江迁至广西贵县，并扩建为生产规模为 1500 吨/日的甘蔗糖厂，苏甦组织设计了我国第一套压榨机和蔗渣喷燃锅炉，完成了捷克专家认为不可能做到的扩建工程。1956 年后主持 10 多个国内与援外大、中型糖厂的设计和科研项目，其中有我国首批自行设计、制造、安装的广东中山糖厂、南海糖厂、阳江糖厂及广西、福建、江西、云南等省区的大、中型甘蔗糖厂。在援外设计中，主要负责越南、缅甸、巴基斯坦、尼泊尔、利比里亚等国糖厂的设计、安装及试产工作。20 世纪 80 年代初，带领设计组赴丹麦、比利时、德国等国考察，引进先进的啤酒工艺设备，完成了广东珠江啤酒厂、上海江南啤酒厂、郑州啤酒厂等大型啤酒厂和沔阳麦芽厂及东莞糖厂高活性干酵母车间等项目的设计工作。他注意吸收国内外的先进技术，设计出符合国情的制糖系列设备及新工艺，如外循环蒸发罐、水冷式助晶机、震动干燥机、沉淀器、GQ 型管道中和器、立式喷射硫熏器、QZ－I

型压榨机列等设备及石灰回溶碳酸法制糖等新工艺。在尼泊尔1500吨/日糖厂改建中，主持设计165立方米立式连续助晶机及带搅拌煮糖罐等新设备，实现一次投产成功。主持研究"八五"国家规划项目"碳酸饱充结合磷酸上浮生产精糖"，该项目于1991年被国家专利局批准为发明专利。多次被评为轻工业部、广东省轻工业厅先进工作者，先进援外工作者。援越期间被授予"胡志明勋章"。1989年被国家建设部评为"中国工程设计大师"。

杨廉传略

杨廉，男，汉族，1925 年 7 月生，广东顺德人，大学本科毕业，高级工程师。退休前在轻工业部广州轻工机械设计研究所任工程师、高级工程师、副所长、所长、总工程师等职。曾任轻工业部制糖工业科学技术专业组成员，广东化工学会理事及制糖专业委员会委员，中国蔗糖学会理事，广东省制糖学会理事、常务理事，广东省第一轻工业协会顾问委员会顾问。曾受聘为广东省制糖学会名誉理事。

1950 年毕业于国立中山大学工学院机械工程系。曾先后在广东制糖工业公司、轻工业部广州轻工设计院、轻工业部广州轻工机械设计研究所工作。先后参与国内及援外各大、中、小型糖厂设计及定型设计工作；主持和参与制糖设备的新产品设计、研制、鉴定等工作，如胶囊蓄能器、电磁式除铁器、密封式高位喂料槽、高扭矩大速比减速器、带式真空过滤机等设备，这些设备的投入使用，填补了国内空白，提高了糖厂装备水平；主持制糖专业设备的系列化、标准化、通用化的"三化"工作，组织制定糖机技术标准150余项，经轻工业部批准颁发在制糖行业中试行，这批标准的制定对我国制糖工业的发展起到一定的促进作用。曾先后参加全国轻工业科技"五五""六五""十年"发展规划的编制与研讨。组织和参与全国轻工业科技发展规划中攻关项目的4项课题（密切圆活齿减速器、快速饱充器、白糖干燥冷却系统、双辊喂料压榨机）的设计、研究，这些课题均已通过鉴定或阶段鉴定。先后两次受组织的派遣赴越南指导援建三间糖厂的施工、安装、生产工作，实现一次投产成功。协助越南轻工业部进行新建糖厂、纸厂和扩建糖厂等8个项目的规划工作。参与巴基斯坦来华考察学习糖机设计人员的培训工作，通过专家的讲授指导，参训人员掌握了主要糖机设备的性能、结构和设计要点以及设备的选型、材强计算等设计技术，他们回国后均担任设计技术骨干。

陈世治传略

陈世治，男，汉族，1921年7月生，广东顺德人，教授级高级工程师。退休前在轻工业部甘蔗糖业研究所历任设备室及制糖室副主任，轻工业部制糖工业科学技术专业组成员。曾任广东省制糖学会理事、名誉理事。曾任联合国工业发展组织国家项目副主任，全国高等院校教材编审委员，《中国食品科学技术学报》编委。1985年起任华南理工大学博士研究生毕业论文评审委员。1991年起任广东省轻工系统高级职称评审委员。多次被评为部、所级先进工作者。享受国务院政府特殊津贴。

1946年毕业于中山大学化工系。曾在广西制药厂工作，后在香港华懋企业公司任西药部主任。1951年回内地参加工作，曾在东莞糖厂、广东制糖工业公司从事生产技术工作，1957 年起调至轻工业部甘蔗糖业科学研究所工作。

主要业绩：

（1）主持及完成"五一煮糖法"研究项目，实现全晶核起晶的技术，在全国第一届糖业先进技术交流会上宣读论文，并在全国糖厂推广。

（2）担任蔗汁及糖浆抽吸型管道硫熏中和器研究项目的第一负责人。该设备可节省钢材投资，硫气吸收率达 99.8%，并可负压燃硫，从而避免了硫气污染，改善了车间环境，获国家科委、经委、计委工业新产品二等奖，在全国 400 余间糖厂推广使用至今。

（3）1966 年主持建成我国第一间甘蔗渗出法糖厂——肇庆糖厂。

（4）1972—1980 年主持广东磨压提汁研究组。在 6 间糖厂探讨甘蔗深度预破碎、多级轻压、饱和渗透的提汁法，是结合压榨与渗出法优点的新一代提汁法，获广东省科学技术奖。

（5）1982 年组织及主持全国 300 余名代表参加、为期两周的获联合国经济援助的中美制糖专家学术报告会，获联合国好评。

（6）1988 年接受联合国邀请，受我国经贸部、轻工业部委派，到古巴参加全球第一届甘蔗制糖工业专家协商会议，在大会上介绍我国甘蔗制糖工业的特色和经验，为我国首次参加世界性糖业会议的代表。

主要著作：《"五一煮糖法"——在"第一届全国轻工业先进生产者大会上的发言"》（业内交流文章）、《亚硫酸法甘蔗糖业厂抽吸型卧式管道中和器》（研究报告）、《甘蔗渗出法的回顾与前瞻》《甘蔗糖厂工艺技术发展的几个新领域》《实现农工商一体化是发展甘蔗糖业的重要途径》。

利民传略

利民，工程师，男，汉族，1939 年 6 月生，广东顺德人，四年制中专毕业。1983 年起在轻工业部广州甘蔗糖业科学研究所任工程师。广东省食品学会、中国海水淡化与水再利用学会会员，广东省保健食品行业协会联络员。

1960 年 7 月毕业于轻工业部广州糖酒工业学校制糖专业。毕业后一直在轻工业部广州甘蔗糖业科学研究所任职，从事科学研究工作，历任技术员、助理工程师、工程师等职。

主要业绩：从事液料清净机理、固液分离工艺和设备的科学研究和试制工作。参加蔗汁澄清新工艺多项试验研究工作，高分子 PAM 絮凝剂在糖汁清净中应用的研究成果已在糖厂得到普遍应用，效果良好；

负责蔗汁澄清离心分离的研究项目，成功研制螺旋卸料离心机差速检测装置，使用效果良好；参加和主持薄膜分离技术的研究项目，应用数理统计法进行超滤膜的研制，在国内领先研制成糖用聚芳砜超滤膜和磺化聚砜膜。负责超滤法生产优质白砂糖和片糖的研究，试制成功一批优质糖品。主持膜技术在食品饮料工业中的应用研究项目。"康力泉高级天然营养饮料"的研制已通过省厅级技术鉴定，"荔枝康力新型天然营养饮料"的研制获得了广东省食品行业新产品"粤星杯"银杯奖，研制成的食品膜分离机和饮料用超滤膜在生产中应用效果良好。负责饮料车间的设计安装和新型饮料的生产技术指导。参加糖厂技术推广、服务工作，如糖厂糖浆上浮澄清技术、糖厂节能蒸发煮糖的等压排水技术的推广工作等。

主要著作：《最优回归设计在研制超滤膜中的应用》《膜分离技术在饮料生产中的应用》《膜分离技术的应用》等。其中，《最优回归设计在研制超滤膜中的应用》一文在《膜分离科学与技术》上发表，美国期刊 *Chemical Abstracts* 曾刊摘。

郁善藻传略

郁善藻，高级工程师，女，汉族，1934年6月生，浙江吴兴人，中共党员。1954年毕业于南京工学院食品工程系制糖专修科，毕业后被分配到轻工业部广州设计院工作，1990年退休。曾任技术员、工程师（1987年晋升为高级工程师）、工艺组组长、室主任兼支部书记、副总工程师等职务。退休后受设计院返聘，任技术顾问。

主要业绩：参加紫坭糖厂1500吨/日扩建工程及我国首次自行设计安装的中山糖厂、南海糖厂、阳江糖厂、桂平糖厂的设计。担任以下糖厂工艺设计负责人：1000吨/日江西第三糖厂、广东揭阳糖厂；500吨/日广西柳江糖厂、宁夏银川甜菜糖厂连渗器选型及渗出车间；200吨/日贵州习水糖厂；2000吨/日广东珠海平沙糖厂、福建漳浦鹿溪糖厂；350 吨/日越南糖厂；400 吨/日桑给巴尔糖厂、几内亚糖厂；1000 吨/日缅甸 BM-1米邻糖厂、扎伊尔糖厂及马达加斯加糖厂等。参加对越南和巴基斯坦来华实习人员的培训工作。担任以下项目负责人：2000 吨/日平沙糖厂、500～1000 吨/日珠江糖厂扩建工程。还主持和组织了尼泊尔比根糖厂以及我国新疆伊犁糖厂 2000 吨/日扩建工程和 3000 吨/年斗门益力味精厂、东莞雀巢咖啡厂等的设计。在国内和援外设计中，一贯重视设计质量，采用成熟可靠的新工艺、新设备，厂房布置、管线走向合理，节约了投资，提高了工厂效益，并注意搞好内外协作和团结。被评为国家级优秀设计一等奖的有广东珠海平沙糖厂、福建漳浦鹿溪糖厂；被评为轻工业部优秀设计奖的有珠江糖厂扩建工程、斗门益力味精厂及东莞雀巢咖啡厂等。

曾参加日本、比利时、英国来华技术座谈。参加《甘蔗糖厂设计规范》的编写工作，该规范被评为轻工业部业务建设一等奖。此外，在对工艺统一画法的规定，设备缩图，标准化、系列化方面，亦做了不少工作。多次被评为轻工业部广州设计院和广东省轻工业厅先进工作者。40 年来为我国制糖工业的发展做出了一定的贡献。

保国裕传略

保国裕，教授级高级工程师，女，回族，1930 年 1 月生，广州市人。退休前在轻工业部甘蔗糖业科学研究所任环保综合利用研究室主任、副所长、学术委员会主任等职。曾任广东省科学技术协会委员、广州市科学技术委员会技术顾问，中国蔗糖学会第二、第三届副理事长，中国食品学会理事，广东省制糖学会三届副理事长，联合国工业发展组织技术顾问。曾任中国轻工环保学会常务理事、广东省饲料工业协会理事、广东省饲料工业办公室科技进步奖评委副主任、广东省制糖学会名誉理事。多次被评为省直属机关、厅、所先进工作者，享受国务院政府特殊津贴。

1952 年毕业于中山大学农化系。曾在东莞糖厂、紫坭糖厂、广东省糖业公司从事生产技术工作。近40年来主要从事与制糖、综合利用、环保专业技术及经济政策有关的科研与生产工作。

主要业绩：参加"国家十二个重要领域技术政策研究"项目，获国家"三委"科技进步一等奖集体奖；参加"轻工业资源综合利用及环境保护研究"，获轻工业部科技进步一等奖，为主要获奖人之一；主持草鱼糖化蛋白饲料研究，获国家水产总局技术进步二等奖；主持蔗髓糖化饲料研究，获轻工业部科技进步三等奖；主持制糖、酒精工业污染物排放标准的编制，获轻工业部科技进步三等奖；参加糖蜜酒精蒸馏废液的利用与治理研究，获轻工业部科技进步三等奖，为第三获奖人；主持糖蜜发酵法制甘油研究，获广东省科学技术委员会生物技术专项奖。任轻工业部甘蔗糖业科学研究所副所长期间，分管科研与教育工作，担任蔗渣制碎粒板等6个国家"六五"攻关项目课题的科技负责人，组织攻关论证与实施等，6个项目均获国家"三委一部"的表彰。

主要著作：编著有关甘蔗综合利用及深加工新产品的书2册；两次在联合国工业发展组织及国际微生物会

议等国际会议上共发表论文 3 篇；在国内批准发行的刊物及全国性、省级学会上共发表论文 60 多篇。退休后在广东省制糖学会举办的技术进修班讲课；接受工厂、科研、管理等单位的有关专业技术咨询。

黄振勋传略

黄振勋（1910—1990），男，汉族，生于浙江杭州，一级工程师，我国著名制糖工业专家，我国现代制糖工业创始人之一，第三届全国人民代表大会代表，第二、第五届全国政协委员。历任轻工业部、食品工业部轻工业局、糖酒工业局、制糖工业局、基建司、对外司和食品工业局总工程师。

1933年毕业于北平燕京大学化学系，获理学学士学位。1935年至1937年就读于美国路易斯安那州立大学糖业工程系，获硕士学位。随后，他怀着科学救国的心愿，放弃了在美国可能得到的优厚待遇，回国效力。1938年在四川省创建我国第一个甘蔗试验场。1939年任四川省华龙糖厂厂长。1940年至1945年任中国炼糖公司总工程师。1946年至1949年任台湾糖业公司副总工程师兼苗栗糖厂厂长，并兼任台湾糖厂迁大陆工程委员会主任委员和广东糖厂总工程师。

广东解放时，他正在香港，出于投身新中国经济建设的满腔热忱，他毅然放弃了优裕的生活条件，返回内地，从此走上了新中国制糖工业的技术领导岗位。其间，曾作为技术负责人主持了华北糖厂、范家屯糖厂的筹建工作。组织恢复、筹建了江门糖厂、市头糖厂、揭阳糖厂、紫坭糖厂等糖厂。此外，在许多省、区制订糖业发展规划和建设新糖厂的过程中，他也给予了很多指导。黄振勋总工程师长期从事制糖工业科学技术工作，在学术上具有较深的造诣，并具有丰富的制糖工程建设经验，为开创我国现代制糖工业和发展制糖科学技术付出了毕生精力，做出了重大贡献，在国内外享有较高声誉。

黄廉章传略

黄廉章（1914—1986），高级工程师，男，汉族，广东增城人，大学本科毕业。

1936 年毕业于上海复旦大学化学系，并取得理学学士学位。1936 年至 1938 年在顺德糖厂、揭阳糖厂担任化验助理员、化验师等职。1942 年任顺德糖厂化验技师。1946 年至 1949 年在东莞糖厂任化验股股长。1949 年后曾任东莞糖厂计划科科长、广东制糖工业公司技术室副主任及轻工业部甘蔗糖业科学研究所制糖研究室副主任、主任等职。1986 年 3 月退休。

他 40 多年来主要从事制糖技术工作，专长制糖化学、糖厂管理、糖业经济、科研管理，尤长于制糖工艺理论及化学管理。在糖厂工作期间，他吸收国外糖厂化学管理方法，结合我国实际，将其应用于糖厂生产；同时经常带领糖厂的技术人员学习国外制糖理论和先进技术，为提高糖厂生产水平和技术员水平做出了贡献。在广东制糖工业公司任职时，他健全了全省糖厂化学管理制度，创办了公司化验室，选购国外先进仪器指导生产；化验室承担了由波兰设计的江门甘蔗化工厂所需的水质、土壤等原辅材料的测定工作，提供了设计依据。他亦是轻工业部甘蔗制糖研究所的创办人之一，参与了研究所选址、选购仪器、制定研究方向等筹建工作。建所后，带领制糖研究室的科技人员积极搜集国内外资料，完成编制各时期中长远技术规划、选题、组织实施等工作，该室的不少研究成果由他指导或支持完成。但他从不计较名利，极少申报获奖。他主持的"膜分离技术研究"做了大量有关反渗透和超滤的膜与装置基础研究工作，为以后"康力泉高级天然营养饮料"和"反渗透法浓缩木糖液"两项科研成果的成功研制打下良好基础。他引导科研人员将数理统计方法用于试验工作，以提高科研水平与效率。主要翻译的文献有《制糖工艺原理》《甘蔗糖厂生产单元操作》《甘蔗按质论价文集》等，编著有《甘蔗制糖化学管理统一分析方法》（合编）。

黄廉章同志不为名利，严于律己，忠心耿耿，鞠躬尽瘁，为我国制糖事业做出了较大贡献。

程耀芳传略

程耀芳，教授级高级工程师，男，汉族，1918 年 12 月生，广东中山人，大学本科毕业。退休前在轻工业部广州设计院工作，任专业总工程师、主任工程师等职，曾任中国轻工业出版社编审委员。

1942 年毕业于国立中山大学化学工程系。自 1951 年以来，一直从事制糖制酒工艺设计研究工作。历任广东制糖工业公司工程师，轻工业局设计工程公司化工总体组组长兼助理工程师，轻工业部广州糖酒工业设计工程公司工艺科科长，顺德糖厂技术科副科长、工程师，轻工业部广州设计院主任工程师、教授级高级工程师。

主要业绩：1951 年至 1954 年先后参加了市头糖厂、揭阳糖厂、紫坭糖厂、贵县糖厂、桂平糖厂的有关技术设计工作。1954 年被评为中南地区劳动模范，并获得劳动模范勋章。之后承担了福建泉州糖厂设计的总负责人工作，参与了顺德糖厂酒精车间的设计、施工、安装和试产工作。1956年担任中山糖厂、南海糖厂和宝鸡酒精厂的项目工程师，完成国内自行制造、自行施工安装和自行试产的较大型甘蔗糖厂和淀粉质原料酒精厂的设计工作。20世纪60年代担任蒙古马铃薯联合加工厂、非洲马里第一糖厂的援外项目负责人和加纳淀粉厂的工艺设计负责人，曾数次出国进行考察、现场设计和施工。1978年以来，担任北京玉泉山啤酒厂、上海江南啤酒厂的项目工程师，主持了年产5000吨和年产10000吨啤酒厂的通用设计工作，采用了国内外的新技术、新工艺，为提高我国啤酒工业的设计水平做出了贡献。

主要著作：懂英语、俄语、日语三门外语，重视国外技术发展动向，翻译有《酒精生产技术装备》《甜菜糖厂设备能力计算》《发酵生产工艺计算》，均由中国轻工业出版社出版发行。

詹益江传略

詹益江，男，汉族，1926年12月生，高级工程师，中共党员，广东普宁人。退休前在轻工业部广州设计院任高级工程师。多次被评为先进工作者，曾获"广东省先进工作者"称号。

1948年毕业于省立兴宁高级工业职业学校电机科。1949年后入顺德糖厂工作，后在揭阳糖厂筹建处、紫坭糖厂筹建处、轻工业部广州糖酒工业设计工程公司、轻工业部广州设计院从事设备设计工作。历任技术员、工程师、高级工程师等职，并长期担任压榨设计组组长。从1951年开始，参加、主持和指导甘蔗压榨工艺、设备设计及厂内运搬设备设计近40年。

主要业绩：长期积累、总结甘蔗压榨工段和厂内运搬操作的经验、数据，逐步改进和提高设计水平，并将有关成熟经验、数据编入部颁标准《甘蔗糖厂设计规范》（QBJ 102G－87）中，供全国试行。在平沙农场糖厂设计中，始创原料、燃煤和成品三个新型码头及其运输线的机械化新方案，较好地改善了生产工艺和操作方法，减少了体力劳动，在不少水路运输的糖厂得到推广。研究和吸收国外先进技术，对甘蔗压榨设备进行改造革新。1980年，在出国考察的基础上，主持小型"双辊压力入辊器"的设计、研究工作，并取得成功。1985年结合中山糖厂扩建6000吨/日工程，主持大型带双辊压力入辊器的"QA2000－Ⅰ型压榨机列"的设计科研工作，投产后很快达到高榨量、高收回、低能耗、低磨损和蔗渣水分低的好效果，在国内多间糖厂得到推广应用。

在40年的糖业工作中，詹益江先后参加国内外糖厂设计项目60余项，有7项获部级以上优秀设计奖，其中在获国家级奖的平沙糖厂、漳浦鹿溪糖厂两个项目中任设备分项负责人。在甘蔗压榨设备科研方面，有两项成果获得部级奖。1960年以后多次出国参加援外糖厂的考察、规划、施工和培训工作，为我国糖业建设和援外工作做出较大的贡献。

图像证照

糖业情缘、战友情谊

广东平沙农场糖厂外景（2000 吨/日国产化甘蔗糖厂）

广东中山糖厂 6000 吨／日压榨机列

煮糖工段照

国产化糖厂制炼车间照

1989 年，中华人民共和国建设部授予苏甦"设计大师"证书

1990 年，苏甦（前排右 1）于北京获颁"设计大师"证

1952 年于市头糖厂吊蔗机前留影

（后排左 1. 唐强）

1956 年第一次先进生产者合影

（三排右 3. 苏甦）

1956 年，苏联、波兰 Raciborz 厂留影

（前排左起：1. 苏甦，2. 何敬举，4. 邢贻行司长）

1956 年，中国糖业考察团访问考察波兰糖厂留影

（前排左起：1. 苏甦，2. 邢贻行司长，5. 黄振勋）

1958 年，轻工业部广州设计院领导班子与捷克专家合影

（前座右 2．叶泽权院长；二排左 1．苏甦，

2．冯达，4．何敬举；后排左 1．区寿康）

1959 年，轻工业部广州设计院一等先进小组留影

（前座右 1．苏甦；后排右 1．郁善藻）

1974 年，援建巴基斯坦拉卡纳糖厂　1974 年，欢庆糖厂投产成功

（左起：1. 苏甦，2、3. 土建工程师）　　　（于巴基斯坦）

1974 年，援外人员于巴基斯坦拉卡纳糖厂厂房前合影

（前排左 4. 邓文质厅长；二排右 2. 苏甦）

1982 年，珠江啤酒厂设计人员赴法国、比利时考察留影

［前排左 5. 苏甦（考察组组长）］

1985 年 11 月，东莞糖厂建厂五十周年庆合影

（左起：1. 苏甦，3. 唐强）

2000 年 8 月东莞糖厂建厂六十五周年庆，糖厂老同事合影

（左起：1. 苏甦，2. 冯夏，3. 唐强，4. 陈世治，5. 保国裕）

2001 年，张文夫妇从美回穗与西大校友聚会合影

（前排左起：1. 冯夏，2. 郁善藻；

后排左起：1、2. 张文夫妇，3. 陈明，6. 唐强，7. 苏甦）

2001 年前后，紫坭糖厂——东江纵队老战士合唱团联欢合影

（前排左3．唐强；二排左4．冯夏）

2002 年 2 月，糖业界老同事聚会

（右起：前座2．陈世治，3．苏甦，7．李墉；后排1．唐强，4．郁善藻，5．保国裕）

2002 年 5 月，唐强与部分引导回来的在港广西大学校友合影

（左起：1. 苏甦，4. 魏光陶，5. 唐强，7. 吴宇平）

2003 年，在平沙农场糖厂码头起蔗机旁，设计人员回访留影

（左起：3. 詹益江，5. 郁善藻）

2003 年，广西大学校友聚会合影

（左起：前座 1. 唐强，2. 郁善藻，3. 苏甦；后排左 1. 冯夏）

2003 年，紫坭糖厂工程处退休人员聚会

（前排左 2. 苏甦；后排右 1. 郁善藻，左 4. 詹益江）

2003 年，糖业同仁参观机械化、自动化堆叠糖仓库合影

2006 年，魏光陶夫妇从港回穗与西大校友聚会合影

（前排左起：1. 魏光陶，2. 苏甦；后排左起：1. 王觉珍，2. 郁善藻）

2006 年，合唱团老战士歌唱者欢聚合影

（前排：左3. 王为一[①]，左2. 蔡余民[②]；后排：左7. 唐强，左8. 冯夏）

2015 年 2 月 14 日，苏甦（右）与毛礼镭（左）

在广东省政协迎春茶话会上留影

---

　　① 王为一：中国左翼作家联盟早期主要成员，电影导演艺术家，获金鸡奖终身成就奖。
　　② 蔡余民：老革命作曲家，1957 年在第六届世界青年与学生联欢节上获金质奖。

2015 年 6 月，糖业同仁和苏甦合影

（右起：1. 冯夏，2. 苏甦，3. 郁善藻，4. 毛礼镭，5. 利民）

20 世纪 80 年代苏甦在中国驻

尼泊尔大使馆留影

（援越期间）苏甦获赠

"胡志明勋章"

"文革"期间，鲁纳与爱人白烽同志摄影留念

（鲁纳）　　　　　　　　（白烽）

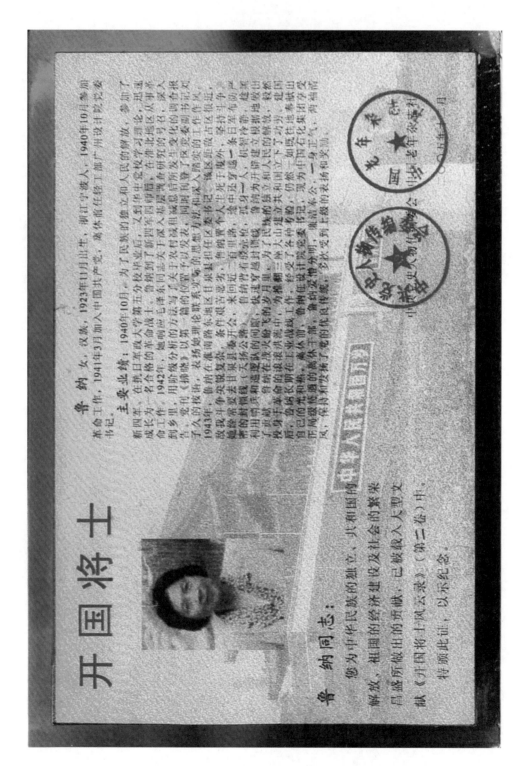

鲁纳同志（原轻工业部广州设计院党委书记）入载《开国将士风云录》（第二卷）证书

1989 年，中山大学老战士合唱团汇报演出合影

（前座：左3. 黄焕秋①，左2. 黄业②；后排：左2. 唐强；二排：左8. 冯夏）

1992 年，中山大学老战士合唱团成员与林若等老领导合影

［前座：左1. 张江明（原广东省委宣传部常务副部长），左2. 黄业，左3. 林若（原广东省委书记），左4. 陈菌（中山大学老战士合唱团团长）；后排：左1. 冯夏；左2. 唐强］

---

① 黄焕秋：中共地下曲江中心县委领导，后调至广西大学任教，并从事地下革命工作。1949 年后，曾任中山大学校长。

② 黄业：原广东省军区副司令员。

1996 年 10 月于北京人民大会堂，中山大学老战士合唱团在全国老年人合唱节获一等奖

（三排右 7. 唐强；前排右 8. 冯夏）

《蔗糖业的春天》首发式糖业同仁聚会合影

2018 年 8 月，出席《蔗糖业的春天》首发式聚会的糖业同仁合影

[陈世治　保国裕　李墉　冯夏　林宜楷　黄志军　何仕荟　梁秉华　陈景形　佘顺林　蔡达荃
任大方　洪红　罗泽新　范超惠　梁广珉　利民　麦润楷　朱达文　李艳颜　沈耀娥　袁幼兰
严容百　戚立吾　刘庆伟　黄英凡　陈南建　冯少珍　陈秀兰　黄桂霞　叶美珍　王海燕　区明清
李智屏　罗飒英　(说明：排名不分先后；出席首发式聚会共 35 人，其中 1 人未合影，合影是 34 人)]

1963 年 11 月，海南甘蔗育种场建场十周年暨甘蔗杂交育种专业会议全体代表留影

（前排：左 4．王鉴明，左 6．唐强）

海南甘蔗育种场建场十周年暨甘蔗杂交育种专业会议代表合影芳名表

	1	2	3	4	5	6	7	8	9	10	11	12	13
前排	林肇萌（浙江农业大学教授）	唐科长	李锦厚（蔗糖所名誉所长）	王鉴明（蔗糖所所长）	农业部领导	唐强（蔗糖所所长）	轻工业部领导	杨耕易（广东省农业局工程师）	四川省工程师	黄焕权（蔗糖所农艺师）	李锦藩（蔗糖所农艺师）	—	—
中排	唐明德（蔗糖所技术员）	叶佑民（蔗糖所农艺师）	史兰芳	邓重素（蔗糖所高级农艺师）	陈环美（蔗糖所技术员）	杨冠英（蔗糖所技术员）	四川省工程师	贺工程师	罗冠华	彭绍光（广西甘蔗所所长）	黎献仁（蔗糖所育种室副主任）	轻工业部工程师	黄居枚（蔗糖所农艺师）
后排	余顺林（蔗糖所科长）	云南省工程师	李胜宏（蔗糖所技工）	罗挺森（蔗糖所湛江站站长）	—	—	何杞浩（蔗糖所农艺师）	海南自治州工程师	—	吴坤宗（蔗糖所技术员）	黄启尧（蔗糖所农艺师）	—	—

注：（1）左起顺序号，1963年11月于海南甘蔗育种场本部合影成员位置。（2）本表说明另页于页后。

《海南甘蔗育种场建场十周年暨甘蔗杂交育种专业会议代表合影芳名表》编制说明

海南甘蔗育种场 1963 年 11 月召开的甘蔗杂交育种专业会议至今已经 60 年。会议代表合影照片保留至今，十分珍贵。轻工业部甘蔗糖业科学研究所（简称"蔗糖所"或"甘科所"）在杂交育种研究方面起步较早，并取得丰硕成果。

我们怀念我国甘蔗育种栽培专家王鉴明所长领导的甘蔗杂交育种研究团队，其为我国甘蔗糖业发展做出了积极的贡献。

编者拟将当年参加专业会议的代表名单提供给大家。由于时间久远，原始资料无法找到。近年来咨询了几位健在的退休老职工，经他们回忆查核，提供了部分相关资料，现汇总编制成《海南甘蔗育种场建场十周年暨甘蔗杂交育种专业会议代表合影芳名表》供大家阅览。

在此，感谢余顺林科长、保国裕所长、黄焕权农艺师等多位同志提供相关资料。但由于时间太久，知情人均为八九十岁的高龄老人，记忆难免有所错漏，敬请包涵，并希望知情者补充指正。

编者

2022 年春

成就奖状、荣誉证书

喷射硫熏（中和）器（立式）获轻工业部
科技成果四等奖（1983 年）

煮糖流变仪获广东省科学技术委员会
科技成果四等奖（1981 年）

压榨机莲藕辊获广东省科学技术委员　石灰回溶法制糖获轻工业部科技进步奖
会科技成果四等奖（1983 年）　　　　　　二等奖（1987 年）（单位获奖证书）

1987 年"QA2000—I"型压榨机列获中山市科学技术委员会

1986 年度科技进步奖一等奖

苏甦同志获"中国工程设计大师"称号荣誉证书

苏甦主持的"石灰回溶炭酸法制糖"项目获轻工业部科技进步奖二等奖

（个人获奖证书）

苏甦获国务院颁发的"政府特殊津贴"证书

苏甦获广东省第一轻工业厅颁发的"科技先进工作者"称号证书

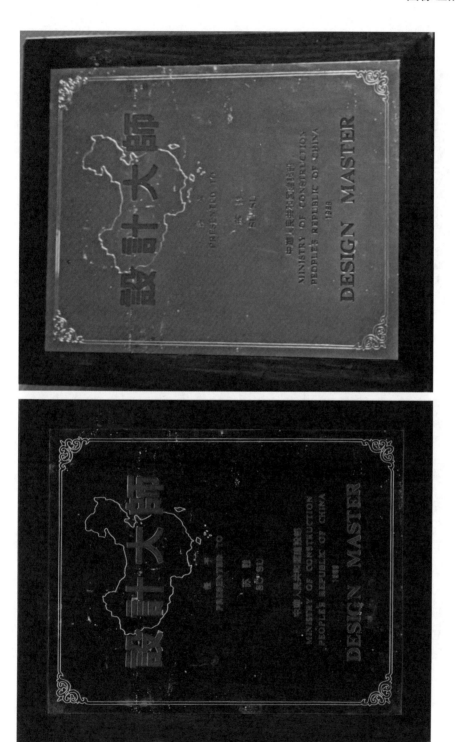

1989 年建设部授予苏畯 "设计大师" 奖牌（照片）

[奖牌保存至今已 35 年（1989—2023 年）]

1989 年建设部授予苏畯 "设计大师" 奖牌（扫描件）

[奖牌（宽×高×厚）28.5×34.0×1.5（cm），重量 1.55 kg]

苏甦政协广东省第五届委员会第五次会议出席证

政协广东省委员会给苏甦委员开会通知的信封

通知书

经中国人民政治协商会议广东省第五
届委员会常务委员会第二十三次会议协商
决定，你为中国人民政治协商会议广东省
第六届委员会委员。特此通知。

此致

苏甦 委员

中国人民政治协商会议广东省委员会

1987 年 12 月 30 日

通知书

经中国人民政治协商会议广东省第四
届委员会常务委员会第二十二次会议协商
决定，你为中国人民政治协商会议广东省
第五届委员会委员。特此通知。

此致

苏甦 委员

中国人民政治协商会议广东省委员会

19 年

通知书——苏甦为政协广东省第五届委员会委员

通知书——苏甦为政协广东省第四届委员会委员

唐强获颁开国将士"荣誉匾牌"（外观）

唐强获颁开国将士"荣誉匾牌"（内文）

家庭欢乐、亲友欢聚

（苏甦一家）

1955 年 12 月 26 日苏甦、郁善藻喜结良缘

1957 年苏甦夫妇天台远眺

（摄于越秀山前解放北路住址天台上）

1956 年，考察归途、顺探亲人

（左起：1. 苏甦，2. 郁善多）

1968 年苏甦一家留影

（摄于广州）

1998 年回马来西亚探亲，与大嫂家人合影

1999 年春节苏甦一家从化游

2001 年春节表兄嫂从美国回穗探亲合影

2002 年 7 月（于云顶）回马来西亚探亲旅游

2002 年回马来西亚探亲，与弟弟一家人合影

2002 年 7 月 25 日回马来西亚探亲，与妹妹一家人合影

2005 年 12 月 26 日苏甦、郁善藻金婚纪念留影

2008 年，苏甦、郁善藻办公室留影

2012 年，苏甦九十寿辰，与孙子合影

2012 年 12 月 26 日，在马来西亚的弟弟一家来穗探望

附　　录

附表 1　苏甦同志主持设计的 1000 ～ 2000 吨/日糖厂

省份	厂名	建设规模	生产方法	设计年份
广东	中山糖厂	2000 吨/日	亚硫酸法	1955 年 11 月
	南海糖厂	2000 吨/日	亚硫酸法	1955 年 10 月
	紫坭糖厂扩建工程	1000 ～ 2000 吨/日	亚硫酸法	1955 年 5 月
	阳江糖厂	2000 吨/日	亚硫酸法	1956 年 11 月
	平沙农场糖厂	2000 吨/日	亚硫酸法	1973 年
	白蕉糖厂扩建工程	2000 吨/日	亚硫酸法	1981 年
广西	贵县糖厂	1500 吨/日	碳酸法	1955 年
	桂平糖厂	2000 吨/日	亚硫酸法	1955 年 10 月
	南宁糖厂	2000 吨/日	碳酸法	1956 年
	迁江糖厂	2000 吨/日	亚硫酸法	1974—1975 年
福建	漳州糖厂	2000 吨/日	碳酸法	1958 年
	漳浦鹿溪糖厂	2000 吨/日	亚硫酸法	1982 年
云南	开远糖厂	1000 吨/日	亚硫酸法	1959 年
	朋普糖厂	1500 吨/日	碳酸法	1982 年 10 月
江西	江西第一糖厂	1000 吨/日	亚硫酸法	1959 年
	江口糖厂	1000 吨/日	亚硫酸法	1959 年

附表 2　苏甦同志主持设计的援外糖厂

受援国名	厂名	建设规模	生产方法	设计年份
越南	VN－1 宜安糖厂	350 吨/日附设：2000 升/日酒精车间	亚硫酸法	1958 年10 月
	VN－2 越池糖厂			
缅甸	BM－1 米邻糖厂	1000 吨/日	亚硫酸法	1962 年9 月
马里	马里二厂	1000 吨/日附设：6000 升/日酒精车间	亚硫酸法	1970 年
巴基斯坦	拉卡纳糖厂	1500 吨/日	碳酸法	1971 年5 月
利比里亚	巴里克糖厂	1000 吨/日	石灰法生产原糖再精炼	1973 年
尼泊尔	伯尔干吉糖厂	1000 吨/日	亚硫酸法	1977 年

续上表

受援国名	厂名	建设规模	生产方法	设计年份
马达加斯加	马达加斯加糖厂	1000 吨/日	亚硫酸法	1980 年
扎伊尔	扎伊尔糖厂	1000 吨/日	亚硫酸法	1980 年

附表3　苏甦同志主持轻工业部广州设计院设计、

科研期间获省部级以上科研成果奖励项目

序号	项目名称	主要完成单位	获奖年份	奖励名称
1	喷射硫熏（中和）器（立式）	轻工业广州设计院、中山糖厂	1983 年	轻工业部科技成果四等奖
2	煮糖流变仪	轻工业广州设计院、轻工部广州轻工机械设计研究所、阳江糖厂	1981 年 1983 年	广东省科技成果四等奖、 轻工业部科技成果三等奖
3	电子计算机控制煮甲糖	轻工业广州设计院、广利糖厂、华南工学院	1982 年	轻工业部科技成果四等奖
4	压榨机莲藕辊	轻工业广州设计院、乐从糖厂	1982 年	广东省科技成果四等奖、轻工业部科技成果三等奖

续上表

序号	项目名称	主要完成单位	获奖年份	奖励名称
5	双辊式压力入辘器	轻工业广州设计院、广东省糖纸工业公司	1983年	轻工业部科技成果四等奖
6	甘蔗糖厂设计手册	轻工业广州设计院，轻工业部广州轻机所，云南、湖南、成都、南宁轻工设计院	1984年	轻工业部优秀业绩成果奖、轻工业部科技情报奖三等奖
7	QA2000－I型压榨机列	轻工业广州设计院、中山糖厂	1987年	轻工业部科技进步奖一等奖
8	石灰回溶碳酸法制糖（国家"六五"攻关项目）	轻工业广州设计院、市头甘蔗化工厂	1987年	轻工业部科技进步奖二等奖

附表 4　苏甦同志主持轻工业部广州设计院设计、科研期间
获省部级以上勘察设计工程奖励项目

序号	项目名称	主要完成单位	获奖年份	奖励名称
1	（援）马里第二糖厂	中国轻工业广州设计院	1982 年	国家建设委员会优秀设计奖
2	广东平沙农场糖厂	中国轻工业广州设计院	1982 年	国家建设委员会优秀设计奖
3	广东省珠江华侨农场糖厂扩建工程	中国轻工业广州设计院	1984 年	轻工业部优秀设计奖二等奖
4	福建省漳浦鹿溪糖厂	中国轻工业广州设计院	1987 年	国家建设委员会优秀设计金质奖
5	广东中山糖厂压榨车间扩建工程	中国轻工业广州设计院	1987 年	轻工业部优秀设计奖二等奖
6	珠江啤酒厂前期工程（50000 吨/年）	中国轻工业广州设计院	1984—1985 年	国家优秀设计奖银奖、轻工业部优秀设计奖一等奖

附图 1　苏甦入编《中国工程建设勘察设计大师名人录》
封面

中國工程建設
勘察設計大師名人錄

中華人民共和國建設部

一九八九年　北京

附图 2　轻工业部广州设计院有关将苏甦上报
《中国工程勘察，设计大师名人录》的函及附件

有关上报编辑《中国工程勘察，设计大师名人录》资料的函

轻广院人〔1990〕145号

建设部设计管理司综合条规处：

　　建设部（90）建设综字第64号关于编辑《中国工程勘察，设计大师名人录》的通知已收悉，现按来文要求随函上报苏甦同志的彩照1张，中英文事迹简介各1份，及所主持项目代表作的彩照1幅。请审阅。

轻工业部广州设计院

1990年8月28日

抄报：轻工业部综合计划司

3

（函）

轻工业部广州设计院

《中国工程勘察，设计大师名人录》

一 简介：

姓　　名：苏毖

性　　别：男

出生年月：1922年7月

民　　族：汉

最终学历：1946年10月广西大学化工系毕业

工作单位：轻工业部广州设计院

职　　务：教授级高级工程师

二．主要事迹：

苏毖同志自建国以来一直从事轻工业工程设计，尤其在制糖工业方面有很深的理论和技术造诣，具有强烈的事业心，几十年勤勤恳恳，兢兢业业从事轻工业制糖行业的设计，科研，基本建设和生产工作。他富有开拓精神，具有丰富的生产实践经验，对技术精益求精，精通英语，在设计工作中善于结合我国实际，学习、吸收国外的先进理论技术，曾主持过几十间国内和援外大、中型糖厂的设计和建设。在国内，他主持了我国第一批自行设计、制造安装的广东中山、南海、阳江和广西、福建、江西，云南等大、中型甘蔗糖厂，在援外工程中，负责主持设计了越南越池、宜安糖厂，缅甸米邻糖厂，巴基斯坦拉卡纳糖厂，尼泊尔伯尔于

1

（附件）

□糖厂的设计工作，这些糖厂均已建成，并一次投产成功，生产□的产品符合设计要求，前几年还主持了珠江、江南、郑州等大□啤酒厂和东莞糖厂活性干酵母车间，沔阳麦芽厂等项目的设计工作，曾作为专家多次被派往国外进行技术考察、设计联络，和□加国际工程建设投标活动等，圆满地完成了各项工作任务，为祖国争得了信誉。

在结合设计项目开展科研工作方面成绩也很突出，早在五十年代就主持研制成功了GQ型管道中和器、蒸发罐、助晶机等一系列制糖专业设备，八十年代主持研制成功了喷射硫熏器和石灰回溶碳酸法制糖等设备和新工艺，其中石灰回溶碳酸法制糖是国家"六五"攻关项目，已通过轻工业部的技术鉴定、1987年获轻工业部科技进步二等奖，并已取得国家专利局实质审查程序通知书，现已将这一科技成果在糖厂推广应用。

2

（附件）

附图 3　詹益江撰写的《回忆录》封面

撰写：詹益江

2017 年 5 月

附图4 《甘蔗糖厂设计规范》（QBJ 102G－87）封面

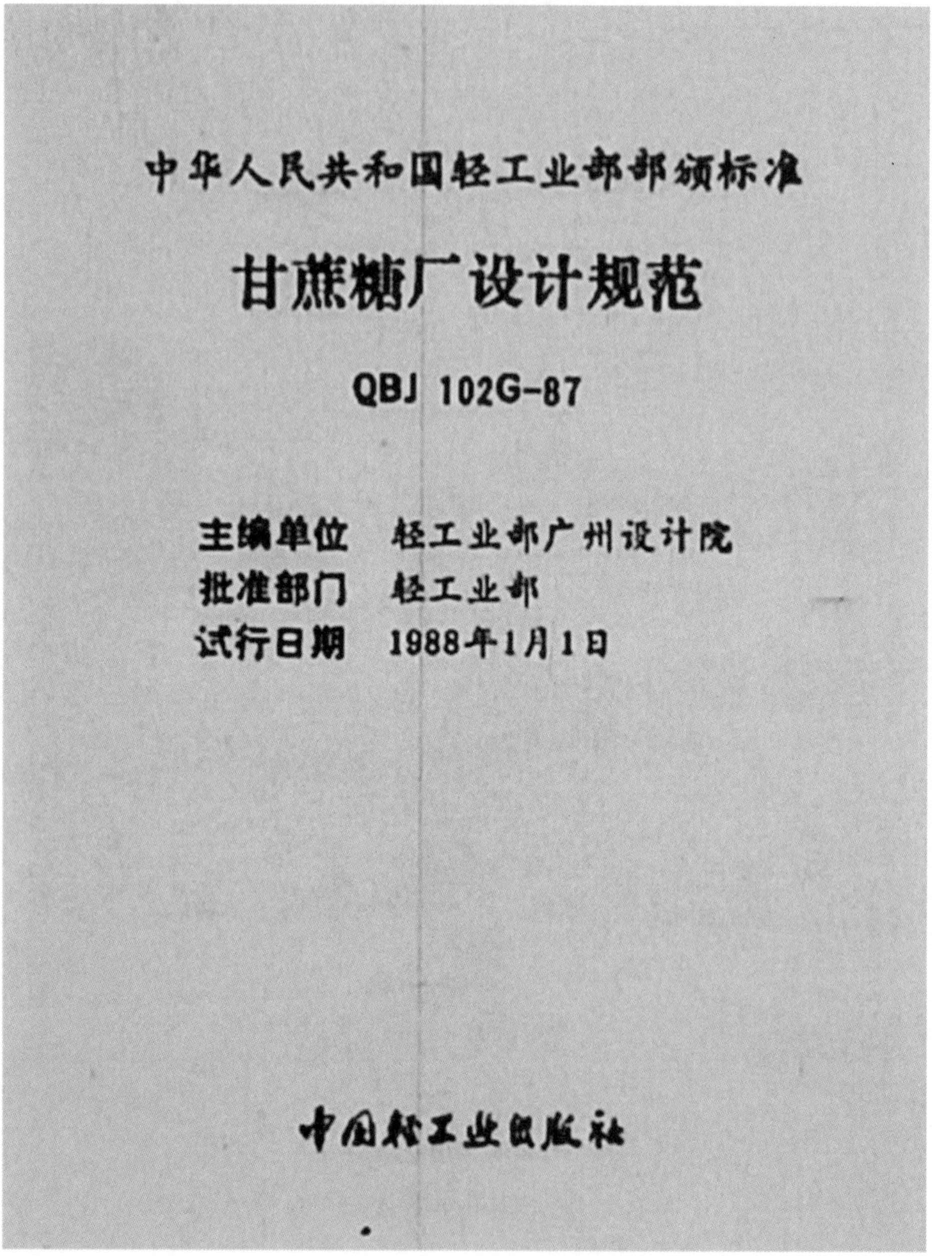

中华人民共和国轻工业部部颁标准

甘蔗糖厂设计规范

QBJ 102G-87

主编单位　轻工业部广州设计院
批准部门　轻工业部
试行日期　1988年1月1日

中国轻工业出版社

附图5 广州蔗糖研究所检测中心编《甘蔗制糖化学管理分析方法》封面

（注：中国轻工总会甘蔗糖业质量监督检测中心是广州甘蔗糖业研究所的挂靠机构，统称广州蔗糖研究所检测中心）

附图6　《广东省制糖专家传略（第一卷）》封面

广东省制糖专家传略

第 一 卷

广东省制糖学会

附图7　轻工业部甘蔗糖业科学研究所历史沿革

2010年　广东省工业技术研究院生物工程研究所
广州甘蔗糖业研究所

1999年　广州甘蔗糖业研究所

1995年　中国轻工业总会甘蔗糖业科学研究所

 1982年 广东省食品发酵研究所

1980年　轻工业部甘蔗糖业科学研究所

广东省食品工业研究室 1970年 1970年　广东省甘蔗糖业科学研究所 1970年 轻工业部广州设计院

轻工业部广州设计院 1969年 1969年　轻工业部糖酒研究设计院

 1961年 广东省化纤研究所

1958年　轻工业部甘蔗糖业科学研究所

1953年　海南甘蔗育种场

1951年　食品工业部糖酒工业研究室

1951年　广东制糖工业公司甘蔗试验场

［注：本件摘录于广东省工业技术研究院生物工程研究所

（广州甘蔗糖业研究所）所刊（2011年版本）］

附图8 轻工业部广州设计院院名历史沿革

1954 年　　轻工业部广州糖酒工业设计工程公司

⬇

1956 年　　轻工业部广州设计院

⬇

1958 年　　广东省轻工设计院（下放到省）

⬇

1969 年　　轻工业部糖酒研究设计院（与甘科所合并）

⬇

1970 年　　轻工业部广州设计院

⬇

1980 年　　中国轻工业广州设计院（轻工业部撤销后）

⬇

1993 年　　中国轻工业广州工程院（改股份制后）